Wo und wann auch immer zwei Menschen sich begegnen, sie stehen einander entweder auf Augenhöhe gegenüber oder aber nehmen einen unterschiedlichen Status ein – was natürlich ihre Kommunikations- und Durchsetzungsfähigkeit beeinflusst. Status ist ein Phänomen, das stets neu verhandelt werden muss. Sobald Menschen aufeinandertreffen, beginnt unausweichlich die Rangelei um die beste Position. Dieses Buch ist eine Anleitung für die Welt der Status-Spiele. Wie wir es schaffen, das Spiel um und mit dem eigenen Status in Beruf und Beziehung in unserem Sinne zu gewinnen.

Tom Schmitt ist Managementtrainer, Schauspieler und Regisseur. Schauspiel- und Regieausbildung u. a. bei Whoopi Goldberg. Seit seinem Studium der Theaterpädagogik beschäftigt er sich mit dem Phänomen Status. Zunächst als Schauspieler und Regisseur eines der ersten Improvisationstheater im deutschsprachigen Raum, später als Führungskraft in der Industrie. Seit 1994 arbeitet er als selbständiger Trainer und Coach, seit 2001 mit der von ihm entwickelten Status-Methode für große deutsche Unternehmen. Er lebt in Hamburg.

Michael Esser ist Autor, Regisseur und Produzent für Hörspiel und Film sowie Dozent für Dramaturgie und Inszenierung. Er lebt in Hamburg.

Weitere Informationen finden Sie auf www.fischerverlage.de

TOM SCHMITT · MICHAEL ESSER

STATUS-SPIELE

Wie ich in jeder Situation die Oberhand behalte

FISCHER Taschenbuch

12. Auflage 2025

Erschienen bei FISCHER Taschenbuch
Frankfurt am Main, August 2010

Lizenzausgabe mit freundlicher Genehmigung des
Scherz Verlags, Frankfurt
© S. Fischer Verlag GmbH, Frankfurt am Main 2009
Die Nutzung unserer Werke für Text- und Data-Mining
im Sinne von § 44 b UrhG behalten wir uns explizit vor.
Druck und Bindung: CPI books GmbH, Leck
Printed in Germany
ISBN 978-3-596-17980-0

Kontaktadresse nach EU-Produktsicherheitsverordnung:
produktsicherheit@fischerverlage.de

Inhaltsverzeichnis

*All denen gewidmet, die mit ihren Erlebnissen,
Erfahrungen und Geschichten zur Entstehung
der Status-Spiele beigetragen haben.*

Vorwort

»Status-Spiele« ist aus einer Fragestellung entstanden, über die ich immer wieder stolperte: Weshalb gerate ich häufig in Situationen, in denen ich stets mehr oder weniger gleich reagiere und mir dabei nicht selten selbst ein Bein stelle? Begegne ich solchen Situationen, oder laufe ich in sie hinein? Kann ich sie umgehen, oder sind sie unausweichlich? Kann ich anders reagieren, wenn ich die Situationen anders betrachte und bewerte?

Nach einiger Zeit kam eine weitere Frage hinzu: Bin ich vielleicht nicht der Einzige, der sich solche Fragen stellt? Und wenn nicht, wer auf der Welt hat sich mit dem Thema bereits befasst, und zu welchen Ergebnissen ist er gekommen?

Die Antwort lag näher, als ich zunächst dachte. Meine Erfahrungen mit improvisiertem Theater brachten mich auf Keith Johnstone, einen der Erfinder dieser Ausdrucksform. Eine seiner zentralen Thesen lautet, dass Geschichten stets von Dominanz und Unterwerfung handeln.

Übertragen auf meine Frage, bedeutete das, ich sollte mir mein eigenes Verhalten daraufhin ansehen, wann ich mich dominant und wann unterwürfig verhalte. Und wann und wie diese Zustände wechseln – und wer den Wechsel veranlasst. Wer mich also so beeinflusst, dass sich dieser Wechsel vollzieht.

Das Ergebnis war erstaunlich. Mein Alltag war voll von solchen Situationen. Immer und immer wieder geschah etwas, das mein Verhalten veränderte.

Durch Keith Johnstone lernte ich, dass Schauspieler dieses Phänomen, das er als Status bezeichnet, bewusst einsetzen. Ganz besonders Comedians bedienen sich seiner beeindruckenden, ja umwerfenden Resultate, denn ihre Wirkung erzielen sie vor allem durch gekonnten, schnellen Status-Wechsel.

Diese Einsicht hatte eine faszinierende Wirkung auf mich. Kann dieses Prinzip, das im Theater und im Film so hervorragende Wirkung zeigt, auch im wahren, echten Leben funktionieren?

Um das zu ergründen, begab ich mich auf Beobachtungsposten. Meine Aufmerksamkeit galt Situationen, in denen das Status-Verhalten von Menschen offen erkennbar war, vor allem dann, wenn sie ihren Status wechselten. Das Phänomen begegnete mir überall – im Alltag, im Beruf und in Liebesbeziehungen. Jeder war ständig mit Status-Spielen beschäftigt. Unbewusst zumeist.

Was würde geschehen, wenn man diese allgegenwärtigen Status-Spiele herausholt aus ihrer Automatik und sie bewusst gestaltet? So wie Schauspieler das tun. Würde auch das funktionieren?

Es funktionierte. Sogar hervorragend.

Mehr und mehr fasziniert, begab ich mich immer tiefer in die Welt des Status hinein – bis es schließlich Zeit wurde, ein Buch darüber zu schreiben, denn der ganz besonders faszinierende Aspekt war und ist das Glücksgefühl, das sich immer dann einstellt, wenn ein Status-Wechsel elegant gelingt.

Man ist seinem Ziel dann so nah …

Einleitung

Szene:
Eine Frau hat sich mit einer Freundin in einem Café verabredet.

Als sie es betritt, ist die Freundin noch nicht eingetroffen. Die Frau begibt sich zielstrebig zum letzten freien Tisch und stellt ihre Handtasche auf einen Stuhl. Dann geht sie zur Garderobe, um ihren Mantel aufzuhängen. Als sie zum Tisch zurückkommt, sitzt dort ein Mann. Die Frau sagt ihm, dass der Tisch bereits besetzt ist. Er antwortet, er sei frei gewesen, als er Platz genommen habe. Er ist unsympathisch und vermittelt den Eindruck, dass er dort sitzen bleiben will.

Situationen wie diese, in denen etwas schiefläuft, in denen eine unvorhergesehene Komplikation auftaucht, sind uns nur allzu vertraut, nicht zuletzt, weil sie Konflikte erzeugen, die wir oft nicht zu unserer Zufriedenheit lösen können. Entweder gelingt es nicht, unser Ziel zu erreichen, oder, falls es doch gelingt, zerschlagen wir dabei auf die eine oder andere Weise Porzellan, und das tut uns dann nachher nicht selten leid. So kann es auch in diesem Fall kommen. Der Mann muss entweder aufstehen und den Platz für die Frau frei machen, oder er bleibt sitzen, und sie muss das Feld räumen. Beide werden um ihre Interessen kämpfen. Einer wird gewinnen, einer verlieren. Die spannende Frage lautet, wie jeder der beiden versuchen wird, sich durchzusetzen.

Bevor wir eine Prognose wagen können, benötigen wir einige grundlegende Informationen über die Dame und den Herrn, über ihre Charaktere, ihren Humor, ihre Willensstärke und die Art und Weise, wie sie mit ihren Gefühlen umgehen. Diese Faktoren entscheiden maßgeblich darüber, wie die bevorstehende Auseinandersetzung verläuft und wer sich durchsetzen wird.

Beide Personen müssen ihre Interessen nach Mustern und Regeln verhandeln, die zu den ältesten und wirkungsvollsten Mechanismen im sozialen Leben des Menschen zählen: die Bestimmung der eigenen Position innerhalb eines sozialen Gefüges. Es ist ein unbewusstes Spiel um den Status, und jeder nimmt daran teil.

Der Status einer Person ist entweder hoch oder tief, also entweder dem anderen über- oder untergeordnet.

Ob hoher oder tiefer Status, darüber wird verhandelt. Interessant und gleichzeitig schicksalhaft daran ist, dass wir keine andere Wahl haben. Wir müssen es tun, denn Status ist immer – und überall. Sowenig man nach dem bekannten Postulat von Paul Watzlawick *nicht nicht* kommunizieren kann, ist es auch nicht möglich, *nicht nicht* um den Status zu fechten, denn sobald Menschen aufeinandertreffen, dient im Grunde nahezu jede Kommunikation auch der Bestimmung von Status-Positionen.

Ein Blick auf das Verhalten der Menschen in unserer unmittelbaren Umgebung zeigt, wie vielfältig und unterschiedlich Status-Phänomene unseren Alltag bestimmen. Es gibt Menschen, die reißen fast jedes Gespräch innerhalb weniger Augenblicke an sich. Andere werden ständig unterbrochen. Manch einer weiß, wie er einen Polizisten dazu bringt, einen bereits ausgefüllten Strafzettel wieder zu zerreißen, während ein anderer so harmoniebedürftig ist, dass er im Restaurant lieber eine kalte Suppe verzehrt, als sich beim Kellner zu beschweren. Das gemeinsame Thema all dieser und zahlloser anderer Verhaltensweisen heißt: Wer nimmt wem gegenüber welche Stellung ein? Wer setzt sich durch, und wer ordnet sich dem Willen eines anderen unter – freiwillig, gezwungen oder überzeugt?

Eine erste, grundsätzliche Aussage zum Phänomen lautet: Je mehr Wert ein Mensch darauf legt, sich Respekt zu verschaffen, desto wahrscheinlicher ist es, dass er seine Ziele erreicht. Der hohe Status, den er dazu einnehmen muss, kostet ihn allerdings Sympathien: Menschen, die sich häufig durchsetzen, sind meist wenig beliebt.

Liegt einem Menschen hingegen eher daran, nach Kompromissen zu suchen oder seine eigenen Interessen sogar unterzuordnen, nimmt er einen tiefen Status ein. Das bringt Sympathiepunkte, kostet aber Respekt.

90 Prozent aller Menschen bevorzugen diesen zweiten Weg. Sie leben gerne im harmonischen Miteinander. Nur 10 Prozent legen Wert darauf, eher respektiert als gemocht zu werden. Man findet sie häufig in Führungspositionen.

 Das sagt der Status-Experte:
Status ist immer und überall. Wir können ihm nicht
ausweichen. Wir haben immer einen. Die anderen auch.
Er bestimmt darüber, wie wir kommunizieren – und er
bestimmt, was wir erreichen.

Ausgerüstet mit diesen ersten Anhaltspunkten zu Status, Respekt, Sympathie und Durchsetzungsvermögen, werfen wir wieder einen Blick ins Café und beobachten, wie es dort weitergeht:

Szene:
Nachdem der Mann zu verstehen gegeben hat, dass er nicht beabsichtigt, den Tisch wieder frei zu machen, ist es nun an der Frau, den nächsten Schritt zu unternehmen.

Sie: »Ich bitte Sie, Sie sehen doch, dass meine Tasche auf diesem Stuhl steht – und sie stand schon dort, als Sie sich hingesetzt haben.«

Er: »Tut mir leid, muss ich übersehen haben.«

Sie: »Aber es beweist, dass ich vor Ihnen diesen Tisch in Anspruch genommen habe.«

Er: »Da bin ich anderer Ansicht, Gnädigste. Es beweist gar nichts.«

Sie: »Ich habe diesen Tisch zuerst belegt. Ich habe lediglich meinen Mantel aufgehängt.«

Er sagt daraufhin nichts mehr, zieht nur leicht die Schultern hoch und unterstreicht diese Geste mit einem Gesichtsausdruck, der sagt: Pech für Sie. Dann blickt er in die Speisekarte und schenkt der Frau keine weitere Aufmerksamkeit.

Nach einem kurzen Moment des Zögerns verlässt sie den Tisch und sucht nach einem neuen.

Der Mann hat sich durchgesetzt, sich dabei zwar alle Sympathien verscherzt, doch mit dem Ergebnis ist er sehr wahrscheinlich zufrieden.

Die Frau hat sich nicht durchsetzen können. Als es für sie heikel wurde, ist sie nicht in die Konfrontation gegangen, sondern hat es vorgezogen, das Feld zu räumen, um keinen Streit vom Zaun zu brechen. Mit dem Ergebnis allerdings ist sie sehr wahrscheinlich unzufrieden. Ihre Gefühlslage ist wenig komfortabel. Sie ist innerlich aufgewühlt, empört, vielleicht sogar verletzt. Möglicherweise wird sie sagen, dass die erlittene Niederlage noch schlimmer ist als der Verlust des Tisches.

Ein Blick auf den Status der beiden verdeutlicht die inneren Haltungen. Während der Mann von Anfang an die Position vertritt: Ich werde mich durchsetzen, ich bleibe hier sitzen, ist der Standpunkt der Frau eher fixiert auf das Gefühl: Ich will fair behandelt werden.

Da der Mann nicht fair ist, hat sie keine Chance.

Was aber würde geschehen, wenn auch sie sich sagt: Ich werde mich durchsetzen?

A – Die Status-Arena

Man sollte im Leben die gleiche Dummheit nicht
zweimal machen, denn die Auswahl ist so groß.

Bertrand Russell (1872–1970),
britischer Mathematiker und Literatur-Nobelpreisträger

Zur Betrachtung eines Szenarios, in dem beide fest entschlossen sind, den anderen vom Tisch zu verjagen, steigen wir dort ein, wo der Mann sich abwendet und seinen Blick in die Speisekarte versenkt. Mit dieser Aktion gibt er zu verstehen: Für mich ist das Gespräch zu Ende.

In der ersten Variante hat die Frau die Kröte geschluckt und sich geschlagen gegeben. In der folgenden Version wird sie es nicht tun:

Sie: »Ich möchte Sie höflich bitten, aufzustehen und den Tisch frei zu machen.«

Er: »Ich weiß nicht, worauf Sie hinauswollen. Lassen Sie mich bitte in Ruhe.«

Sie: »Ich werde Sie ganz sicher nicht in Ruhe lassen, solange Sie meinen Tisch blockieren.«

Er: »Ihr Tisch? Ich wusste nicht, dass Sie die Besitzerin des Cafés sind – und ich bezweifle auch, dass dem so ist.«

Dann blickt er wieder in die Speisekarte. Die Frau setzt sich auf einen freien Stuhl, nimmt ebenfalls eine Speisekarte und blickt hinein. Der Mann blickt verwundert auf.

Er: »Ich muss doch sehr bitten. Dieser Tisch ist besetzt und ich halte es für ein Gebot der Höflichkeit, dass Sie mich zumindest fragen, ob Sie Platz nehmen dürfen.«

Sie: »Da es sich um meinen Tisch handelt, an dem Sie Platz genommen haben, wäre es an Ihnen, diese Frage an mich zu richten.«

Der Kampf hat begonnen. Er kann eine Weile dauern. Bis einer die Nerven verliert oder einlenkt. Oder bis die beiden Frieden schließen, was in der aktuellen Lage allerdings eher unwahrscheinlich ist. Der fundamentale Unterschied zur ersten Reaktion der Frau besteht darin, dass auch sie jetzt fest entschlossen ist, sich Respekt zu verschaffen, ganz gleich, wie viele Sympathien es sie kostet.

Sie hat die Herausforderung angenommen und sich in die Arena der Status-Kämpfe begeben, um die Sache für sich zu entscheiden.

 Das sagt der Status-Experte:
Im Spiel um den Status bildet der innere Zustand das
Gerüst und die äußere Darstellung die Fassade. Ist das
Gerüst stabil, kann es jede Fassade tragen.

Status ist ein Phänomen, das stets neu verhandelt werden muss, denn sobald Menschen miteinander in Kontakt treten, beginnt unausweichlich die Rangelei um die beste Position. Das gilt im Alltag, im Beruf und in der Liebe gleichermaßen. Überall und immer. Es spielt keine Rolle, ob man das Gerangel will oder nicht. Es findet in jedem Fall statt. Meist ist es eine Sache von wenigen Sekunden, bis die Positionen verteilt sind. Mitunter kann es aber auch dauern. Im Café wird das Gefecht so lange fortgeführt, bis einer gewonnen hat. Bevor geklärt ist, wer den hohen und wer den tiefen Status hat, wird es nicht enden.

Die Begriffe »hoch« und »tief« sind dabei relativ zu verstehen. Der Unterschied zwischen beiden Haltungen muss nicht groß sein, im Gegenteil: Je näher die Positionen beieinanderliegen, desto spannender sind die Kämpfe. Kleine Status-Unterschiede sind ein Quell permanenter, interessanter Auseinandersetzungen. Große Status-Unterschiede hingegen, etwa zwischen einem oberen Konzernmanager und einem kleinen Angestellten, sind langweilig, weil von vornherein fest steht, wer den hohen und wer den tiefen Status hat. Gerüttelt wird an solch großen Status-Gefällen nur sehr selten, weil es zu aussichtslos, zu waghalsig oder zu gefährlich ist.

Sind die Status-Positionen hingegen nicht so eindeutig festgelegt, wird es interessant. Der größte Teil aller Status-Kämpfe findet automatisch statt. Die innere Haltung »Ich will Respekt« respektive »Ich will Sympathie« wird unbewusst eingenommen. Unsere grundsätzliche, aktuelle Gefühlslage bestimmt Aktionen und Reaktionen und damit den Verlauf unserer Status-Spiele. Alternative Verhaltensmuster stehen zunächst einmal nicht zur Verfügung, da jeder normalerweise auf der Basis seiner Gefühle agiert und nur selten auf der Grundlage einer klar definierten, bewussten Strategie.

Alternativen sind jedoch möglich!

Status-Positionen müssen keineswegs zwangsläufig unbewusst verhandelt werden. Man kann das Gerangel durchaus auf eine bewusste Ebene heben und als eine Art Arena oder Bühne betrachten, wo die gedankenlosen Positionskämpfe in intelligente Status-Spiele verwandelt werden. Dann hat man den entscheidenden Schritt getan: sich mit voller Absicht ins Getümmel gestürzt, um auszuprobieren, wie viel Einfluss man nehmen kann.

Wie könnte das im Café aussehen?

Wir gehen dazu an den Punkt zurück, an dem der Mann der Frau zu verstehen gegeben hat, dass ihre Tasche auf dem Stuhl keineswegs beweist, dass sie Anspruch auf den Tisch hat.

Sie: »Erlauben Sie denn, dass ich mich setze?«
Er: »Ich erwarte noch jemanden.«
Sie: »Das trifft sich gut. Ich erwarte auch noch jemanden.«
Dabei nimmt sie Platz. Der Mann legt die Speisekarte beiseite.
Er: »Wenn Sie auch noch jemanden erwarten, ist es sicher von Vorteil, dass Sie sich einen anderen Tisch suchen.«
Sie: »Leider ist kein anderer Tisch frei.«
Sie nimmt die Speisekarte und blickt hinein.
Sie: »Können Sie etwas empfehlen?«

Jetzt ist es für den Mann schwer geworden, den Tisch für sich allein zu haben. Selbst wenn er offen unfreundlich oder gar feindselig würde, seine hohe Status-Position hat er erst einmal an die Frau verloren. Er muss, zumindest für den Moment, nach ihrer Pfeife tanzen. Sie hat ihn mit List und Intelligenz in eine Position manövriert, in der sie das Heft in der Hand hält.

Komplizierte und emotional schwierige Situationen auf diese Weise zu seinen Gunsten zu drehen ist eine Fähigkeit, die ein wenig geübt sein will. Der Kunstgriff lautet: Wer seinen Status bewusst verhandelt, wandelt das unausweichliche Gerangel in ein Spiel oder eine Verhandlung. Man ist nicht länger unkontrolliert verstrickt ins Geschehen, sondern betritt eine Bühne, auf der man als Protagonist eine Szene spielt:

> Das Café ist die Bühne.
> Der Streit um den Tisch ist die Szene.
> Die beiden Kontrahenten sind die Protagonisten.

Und wer führt Regie?
Selbstverständlich die Person, die das Status-Spiel bewusst spielt.

 Das sagt der Status-Experte:
Wer seinen Status bewusst verhandelt, eröffnet ein Spiel.

Sehen wir, wie es weitergeht:

Während die Frau in die Speisekarte schaut, tritt der Kellner an den Tisch und fragt, ob die Herrschaften bereits gewählt haben.

Er: »Ich bekomme einen Latte Macchiato.«

Sie: »Eine gute Idee. Ich hätte gerne auch einen. Und einen Apfelstrudel mit Vanillesoße.«

Der Mann wendet sich an den Kellner.

Er: »Haben Sie noch einen freien Tisch für die Dame? Sie hat nur vorübergehend hier Platz genommen.«

Kellner: »Ich glaube, weiter hinten wird gleich ein Tisch frei. Die Herrschaften haben bereits nach der Rechnung gefragt.«

Der Mann gibt sich also nicht geschlagen. Recht geschickt, und ohne allzu unhöflich zu sein, hat er die Situation erneut gewendet. Jetzt muss die Frau die Nerven behalten, um sich nicht zu empören oder aus der Haut zu fahren.

Sie sagt zum Kellner:

Sie: »Vielen Dank, das ist sehr freundlich, aber ich glaube, ich werde hier bleiben – in Gesellschaft dieses einnehmenden Herrn.«

Dann nickt sie dem Kellner zu, der daraufhin den Tisch verlässt.

Er: »Hören Sie, ich bin ganz und gar nicht damit einverstanden, dass Sie an diesem Tisch bleiben. Ich besorge Ihnen gerne einen anderen.«

Sie: »Das ist wirklich sehr zuvorkommend, vielen Dank.«

Er: »Heißt das, Sie wollen den frei werdenden Tisch doch in Anspruch nehmen?«

Sie: »Es heißt, dass ich Ihre Aufmerksamkeit zu schätzen weiß. Erwarten Sie einen Mann oder eine Frau?«

Die Chancen der Frau stehen wieder besser als seine. Sie macht es sich am Tisch gemütlich und hat mehrfach unmissverständlich signalisiert, dass sie bleiben wird. Für den Mann ist es damit erneut schwieriger geworden, der Frau seinen Willen aufzuzwingen. Wenn er unbedingt einen Tisch für sich alleine will, wird *er* sich einen neuen suchen müssen.

 Das sagt der Status-Experte:
Im Spiel um den Status geht es vor allem um Sympathie und Respekt.

Das Spiel hat sich zugunsten der Frau entwickelt, weil sie ihrer inneren Haltung »Ich will diesen Tisch« treu geblieben ist und gleichzeitig in der Lage war, dieses Interesse intelligent in die Tat umzusetzen. Sie hat kein Problem damit, dem

Mann gegenüber eine leicht untergeordnete Rolle zu spielen (!), wenn es ihrem Ziel dienlich ist: Sie bleibt höflich, dankt ihm, nennt ihn »einnehmend«. Wenn sie das nicht zickig, sondern freundlich und zuvorkommend macht, hat das eine enorme Wirkung: Sie ist souverän, dadurch unangreifbar, und das entwaffnet den Mann zusehends. Vor allem mit ihrer letzten Frage: »Erwarten Sie einen Mann oder eine Frau?«, übernimmt sie die Kontrolle, denn sie eröffnet ein neues, für den Mann überraschendes Thema. Ihre Strategie ist so angelegt, dass sie auf ein vordergründiges Scharmützel verzichtet und sich auf das konzentriert, was notwendig ist, um zum Ziel zu gelangen. Sie will nicht recht haben, sondern gewinnen.

 Das sagt der Status-Experte:
Der kluge Status-Spieler fragt sich: Will ich recht haben, oder will ich gewinnen?

Die Strategie, seine Energien nicht für Rechthaberei zu verschwenden, sondern auf die Durchsetzung seiner Interessen zu konzentrieren, erfordert den bereits erwähnten Kunstgriff: Die Betrachtung von Status-Kämpfen als ein Spiel, ein Drama, eine Komödie, ein Charakterstück, je nachdem, was die Situation erfordert. Diese Sicht ermöglicht es dem Status-Spieler, sich ein Stück weit frei zu machen von seinen spontanen, unbewussten Reaktionsmustern.

Die normale, also unbewusste und durchaus verständliche Reaktion der Frau wäre, sich gleich zu Beginn zu empören und in dem Mann einen ungehobelten Klotz oder Idioten zu sehen. Bildet dieses Gefühl die bestimmende Grundlage, erhöht das die Wahrscheinlichkeit auf Erfolg nicht. Im Gegenteil. Die Frau fühlt sich überrumpelt und mit einer Tatsache konfrontiert, die nur eine einzige, bittere Konsequenz hat: Ärger.

Ganz anders stellt sich die Situation für die entschlossene Status-Spielerin dar. Für sie beginnt die Sache jetzt interessant zu werden. Schließlich ist da unverhofft jemand aufgetaucht, der sie zu einem kleinen Spiel einlädt; einem Spiel um den Status, in dem es darauf ankommt, wer am Ende der wahre Held ist.

 Das sagt der Status-Experte:
Der Status-Spieler hadert nicht mit unliebsamen Situationen, sondern betrachtet sie als Einladungen zu Status-Spielen.

Diese Haltung bedingt auch, dass der Status-Spieler respektive die Status-Spielerin nicht gleich abwinkt und sich selbst sagt, dass ihm bzw. ihr die ganze Sache zu billig, plump, doof, lächerlich etc. ist und das Feld räumt. Das kann man natürlich machen. Es ist dann, ob man will oder nicht, die automatische Einnahme des tiefen Status. Dazu hat man natürlich jedes Recht.

 Das sagt der Status-Experte:
Jede Lebenssituation bietet die Möglichkeit, seinen Status neu zu verhandeln.

Zusammenfassung

1. Status ist immer und überall.
2. Status findet in jedem Bereich des Lebens statt – im Alltag, im Beruf, in der Liebe.
3. Status ist unausweichlich, und folglich müssen wir uns um unseren Status bemühen.
4. Status wird entweder selbst erworben oder von anderen zugeteilt.
5. Status ist flexibel. Je geringer das Status-Gefälle zwischen Personen ist, desto häufiger kommt es zu Status-Kämpfen.
6. Status-Kämpfe lassen sich in ihrem Verlauf beeinflussen.
7. Die intelligenteste Form des Status-Kampfes ist das bewusste Status-Spiel.

Das Status-Modell

Oft spielen Menschen nur den starken Mann bzw. die starke Frau, obwohl sie im Inneren keineswegs so sicher und entschlossen sind, wie es den Anschein haben soll. Umgekehrt kann es sein, dass jemand nach außen eine untergeordnete Position einnimmt, innerlich aber einer klaren Strategie folgt und sie, trotz scheinbarer Unterlegenheit, am Ende durchsetzt.

Das Status-Modell kennt zwei Achsen: die Beziehungs-Achse mit den Ausprägungen Sympathie und Ablehnung und die Macht-Achse mit den Ausprägungen Durchsetzungsfähigkeit und Nachgiebigkeit.

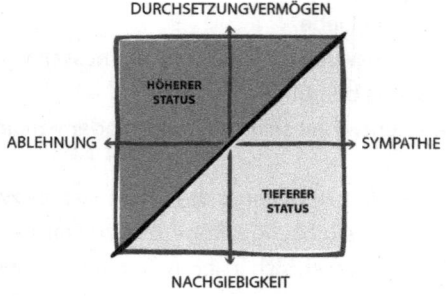

Quer durch das Status-Modell verläuft die Trennlinie zwischen tieferem und höherem Status. Für beide Positionen gilt, dass sie zunächst nicht »ein bisschen« hoch oder tief sind, sondern – relativ zur anderen Person – klar definiert. Man ist entweder hoch oder tief.

Die Position des gleichen Status gibt es nicht. Auch bei der Kommunikation auf Augenhöhe ist stets ein, wenn auch minimales, Status-Gefälle vorhanden

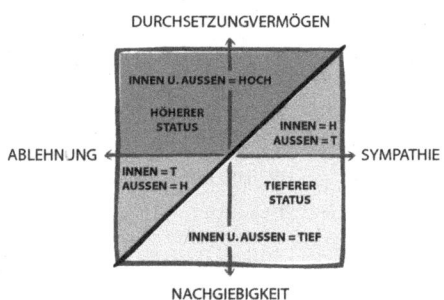

Im nächsten Schritt unterscheidet das Status-Modell zwischen innerem und äußerem Status: Wie fühle ich innen, und wie stelle ich das nach außen dar.
Daraus ergeben sich vier unterschiedliche Haltungen:
Ich fühle innen hoch und spiele außen tief – der Charismatiker
Ich fühle innen hoch und spiele außen hoch – der Macher
Ich fühle innen tief und spiele außen hoch – der Arrogante
Ich fühle innen tief und spiele außen tief – der Teamplayer

Das Status-Modell kennt vier Komponenten: hoher und tiefer Status, innen und außen. Jede Kombination dieser Komponenten hat ihre ganz eigene Ausprägung. Wir vereinen, in unterschiedlichen Situationen unseres Lebens, alle vier Status-Typen in uns. Im Kern aber tendiert jeder zu einem bevorzugten – präferierten – Status. Den spielt jeder unbewusst, und scheinbar unausweichlich, immer wieder. Solange wir das Spiel nicht auf eine bewusste Ebene heben, sind wir schicksalhaft mit diesem einen Typus verbunden, ja an ihn gekettet. Er funktioniert wie ein Autopilot, der in sozial schwierigen Situationen automatisch die Führung übernimmt.

 Das sagt der Status-Experte:
Status ist nicht gleich Status. Die vier Varianten des Status-Modells sind:
innen hoch und außen tief
innen hoch und außen hoch
innen tief und außen hoch
innen tief und außen tief

Jeder Status-Typ ist, wie könnte es anders sein, unterschiedlich sympathisch und respektabel. Unter den vier Varianten gibt es:

- einen Zustand, mit dem es gelingt, respektiert zu werden und gleichzeitig sympathisch zu sein,
- einen weiteren, der vor allem hohen Respekt garantiert,
- einen dritten, mit dem sich weder Respekt noch Sympathie erringen lassen,
- und schließlich einen, der hohe Sympathiewerte erzeugt, jedoch wenig Respekt einbringt.

Die erste Variante ist der Favorit. Es liegt auf der Hand, dass es sich dabei um die Variante handelt, die den größten Einsatz erfordert und die höchsten Ansprüche an den Status-Spieler stellt. Der Aufwand trägt aber, wie sich noch zeigen wird, reiche Früchte.

Innen hoch, außen tief

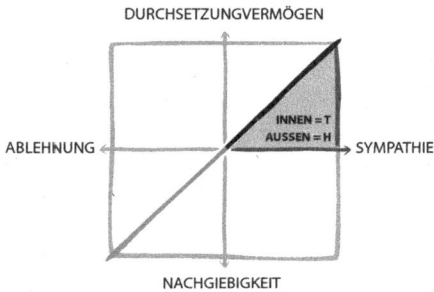

Innen hoch und außen tief bedeutet: Ich weiß, was ich will, und verfolge dazu meine Ziele geschickt, klug und diplomatisch.

In der Café-Szene ist es die Variante, in der die Frau, nachdem ihr klar ist, dass der Mann den Tisch nicht freigeben wird, ebenfalls Platz nimmt und ein Gespräch beginnt. Sie fragt, was er ihr empfehlen kann, bedeutet dem Kellner, dass er für sie keinen freien Tisch suchen muss, da sie sich entschlossen hat, dort zu bleiben, wo sie ist, und dann weiter mit dem Mann plaudert. Sie nimmt also ganz bewusst und bestimmt eine Position ein, die ihrem Ziel dienlich ist. Muss sie dazu in eine tiefe Position gehen – freundlich bleiben, ihn »einnehmend« nennen, ihn um Rat für die Wahl ihres Getränkes bitten etc. –, tut sie das. Ihr äußeres Spiel ist konsequent darauf angelegt, den Mann in Schach zu halten, ihn nicht über die Maßen zu provozieren, sondern ihn vielmehr mit Charme, List und Einfühlungsvermögen in eine Position zu manövrieren, die ihn am Ende in den tiefen Status versetzt und sie selbst in den hohen.

Ihr nach außen tiefgespielter Status ist also ein geschickter Zug, um das Spiel nach ihren Regeln zu spielen. Sie legt keinen Wert darauf, jeden einzelnen kleinen Aspekt der Auseinandersetzung für sich zu entscheiden. Wenn der situative Verzicht auf den hohen Status nicht zu teuer ist, sie andererseits aber ihrem Ziel ein Stück näher bringt, lässt sie sich darauf ein. Sie kämpft nicht blindlings, sondern umsichtig. Dazu gehört auch, dass sie in entscheidenden Momenten fähig ist, die außen tiefe Position zu verlassen und in den hohen Status zu wechseln, beispielsweise nachdem der Mann sich von ihr abgewendet hat und in die Speisekarte sieht. Sie lässt sich durch diese offensichtliche Abweisung weder irritieren noch vertreiben, sondern nimmt entschlossen am Tisch Platz und schafft damit einen neue, überraschende Wendung.

Wer solch einen schnellen Wechsel zwischen tiefem und hohem Status beherrscht, verfügt über hohes diplomatisches Geschick und wirkt auf seine Mitmenschen oft charismatisch.

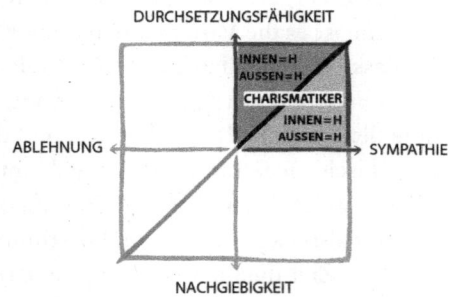

Innen hoch, außen hoch

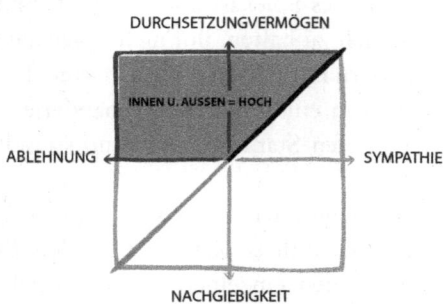

Gut in dieses Status-Schema passt der Mann im Café. Er hat sich den Tisch genommen und verteidigt ihn. Ob er bereits belegt war oder nicht, ist ihm egal. Sein Wille ist stark und sein Harmoniebedürfnis gering. So hat er keine Mühe, ohne Umschweife den hohen Status für sich zu proklamieren: Ich sitze hier, und das ist gut und richtig so.

Es bedarf einer gewissen Chuzpe, sich so zu verhalten, und lässt manchen verwundert fragen, was denn der Grund für ein so forsches, aggressives Vorgehen sein mag. Man kennt es vor allem von Zeitgenossen, die landläufig als Bestimmer oder Alpha-Typen bezeichnet werden.

Das wesentliche Charakteristikum eines doppelten Hochstatus besteht darin, dass da jemand genau weiß, was er will, und gleich von der ersten Sekunde an versucht, keinen Zweifel daran aufkommen zu lassen, wer das Sagen hat und wer den Gang der Dinge bestimmt.

Die starre Fixierung auf die Bestimmerrolle macht es dem doppelten Hochstatusmenschen schwer, ein gewisses Maß an Diplomatie walten zu lassen, selbst dann, wenn die Situation es eigentlich erfordert. Diplomatisches Vorgehen ist für ihn ungewohntes Terrain und freundlich zu sein nicht sein Metier. Er ist darin nicht nur ungeübt, also ungeschickt, sondern es widerstrebt gar seinem Wesen. Sein Verhalten wirkt dann gezwungen, verkrampft, unehrlich und nicht authentisch.

Der doppelte Hochstatus ist somit zwar durchsetzungsstark, aber weit davon entfernt, ein Status-Virtuose zu sein. Er beherrscht aus der Palette der möglichen Status-Rollen nur diese eine Rolle. Das zwingt ihn, bis zum Äußersten zu kämpfen und sich nie geschlagen zu geben. Er vermag nicht einzusehen, dass es einen anderen Weg als diesen einen geben könnte.

Ist man sich dieser Tatsache bewusst, wird der doppelte Hochstatus zum interessanten und bezwingbaren Partner im Spiel um den hohen Status.

Exkurs: Authentizität

Das Geheimnis der Glaubwürdigkeit eines Menschen liegt im Gleichklang. Befindet eine Person (per sona = durch den Klang) sich im Einklang mit sich selbst, wirkt sie authentisch, denn Fühlen, Denken, Sagen und Tun stimmen überein. In diesem Zustand ist man stark und in der Lage, seine Interessen gut zu vertreten. Authentizität ist die optimale Grundlage zur Einnahme des stimmigen Status.

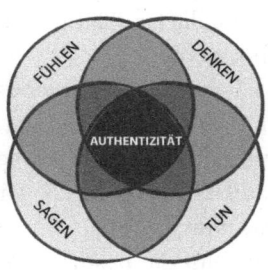

Unglücklicherweise befinden wir uns viel zu selten in dieser harmonischen Ausgangslage. Oft genug sind wir verstimmt, und die vier Komponenten unserer Authentizität spielen bzw. klingen nicht perfekt zusammen.

Der Zustand des Gleichklangs ist maßgeblich bestimmt vom Denken und Fühlen. Herrscht hier Harmonie, stellen Kompromissbereitschaft, Diplomatie, konsequentes und unerschrockenes, mutiges Handeln kein unlösbares Problem dar.

Authentizität besitzt, wer bei sich und seinem Ziel bleibt. Authentizität verliert, wer Fühlen und Denken auseinanderfallen lässt, denn dann stimmen Sagen und Tun zwangsläufig nicht mehr überein.

Innen tief, außen hoch

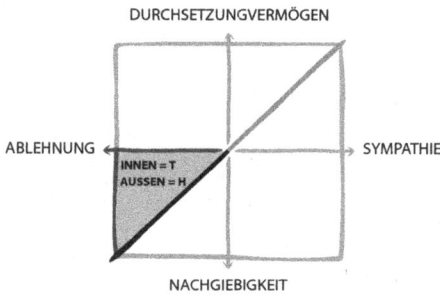

Wenden wir uns dem Zustand zu, in dem unsere Zeitgenossen, und mitunter auch wir selbst, in eher schrillen Tönen kommunizieren.

Innen tief und außen hoch agiert der Mensch, wenn er sich machtlos fühlt. Die Auswirkung dieses Gefühls auf den inneren Zustand ist eine Form der Demoralisierung. Man ist gereizt, entnervt, seiner Kräfte beraubt und gerät dadurch schnell in einen innerlich tiefen Status. Zum Ausgleich produziert man nach außen das gegenteilige Verhalten: Man tut so, als sei man stark.

In der Café-Szene kommt diese Variante des Status-Verhaltens bisher nicht vor. Könnte sie aber. Für die Frau sähe sie in etwa so aus:

Sie kommt zurück zum Tisch und sieht den Mann dort sitzen.

Sie: »Guten Tag. Das ist mein Tisch.«

Er: »Ihr Tisch?«

Sie: »Ich war zuerst hier.«

Er: »Der Tisch war frei, als ich Platz genommen habe.«

Sie: »Aber ich hatte meine Tasche hier abgestellt und war nur kurz meinen Mantel aufhängen.«

Er: »Oh, die Tasche. Muss ich übersehen haben. Tut mir leid für Sie.«

29

Sie: »Das ist eine Unverschämtheit. Ich war zuerst hier. Das ist mein Tisch und ich bitte Sie, aufzustehen.«

Er: »Ich kann ihre Aufregung nicht verstehen, und teile ihre Meinung nicht. Der Tisch war – wie gesagt – frei, als ich Platz genommen habe.«

Der Mann nimmt die Speisekarte vom Tisch und blickt hinein.

Sie: »Das lasse ich mir nicht bieten. Das ist wieder mal typisch Mann. Ich werde mich beschweren.«

Der Mann reagiert nicht, blickt weiter in die Speisekarte.

Die nach außen zur Schau gestellte Stärke der Frau überdeckt den innen tiefen Status nur unzureichend:

> Sie ist verärgert und zeigt es – »Das lasse ich mir nicht bieten.«
> Sie ist empört und zeigt es – »Das ist wieder mal typisch Mann.«
> Sie ist hilflos und zeigt es – »Ich werde mich beschweren.«

Im Gefühl ihrer Ohnmacht, die durch die Haltung des Mannes, den Tisch nicht freizugeben, noch verstärkt wird, greift sie zu Worten und Sätzen, die sie stark erscheinen lassen sollen. Doch verbale Kraftmeierei wird ihr nicht helfen. Sie wird ihren tiefen Status nicht verlassen können, solange sie sich von ihren negativen Gefühlen leiten lässt. Ihre starken Worte wirken wenig glaubwürdig und können ihre Kraft nicht entfalten. Ihre Strategie geht nicht auf, weil sie als Person nicht authentisch ist. Der Mann merkt das sehr schnell. Er ist nämlich, wie wir alle, auf eine ganz spezielle, unbewusste Weise ein Status-Spezialist.

Exkurs: Status-Spezialist

Wie wird Status sichtbar?

Wir teilen unseren eigenen Status unentwegt mit, und alle anderen tun das auch. Wir lesen den Status der anderen unablässig aus ihren Verhaltensweisen heraus. Und sie tun das bei uns. Die Übermittlung der Status-Positionen erfolgt auf zwei Ebenen: über äußere Faktoren wie Wissen, Information, Funktion, Position, physische Stärke, Reichtum etc. und über die eigene Persönlichkeit. Für die Ausbildung zum Status-Spezialisten ist fast ausschließlich die eigene Persönlichkeit von Interesse und Bedeutung.

Da hoher und tiefer Status allgegenwärtige Phänomene sind und das Zusammenleben der Menschen schon immer entscheidend geprägt haben, ist jeder Mensch auf ganz natürliche Weise ein Status-Spezialist. Betrachtet man seine Mitmenschen unter diesem Gesichtspunkt, bemerkt man schnell, wie gut und sicher man darin ist, die Zeichen zu lesen: Ist unser Gegenüber verlegen, selbstbewusst, entschlossen oder unsicher? Wir wissen es, lesen es aus seinen Bewegungen, seiner Mimik, seinen Gesten. Wir achten ganz selbstverständlich darauf, ob jemand sich klar und verständlich oder kompliziert ausdrückt, sich auf die Lippen beißt oder mit leuchtenden Augen spricht, souverän gestikuliert oder mit seinen Händen nicht weiß, wohin.

Unsere Fähigkeit, all das und noch viel mehr so selbstverständlich erkennen und deuten zu können, ist von jeher von fundamentaler Bedeutung für unser Überleben. Nur wenn wir genau wissen, wie die anderen sich fühlen, ob sie friedlich oder feindselig gestimmt sind, ob man sich auf sie verlassen kann oder nicht, sind wir in der Lage, uns auf sie einzustellen und erfolgreich mit ihnen zu kommunizieren.

Die Übermittlung der Fülle von Signalen erfolgt auf einem breiten Spektrum von Kanälen:

auf der einen Seite Gestik, Mimik, Stimme, Sprache, Wortwahl,

Schlagfertigkeit usw. Auf der anderen Seite Kleidung, Auto, Wohnung, Schmuck, Spezialwissen, Gesundheit, Sportlichkeit, Aussehen usw.

Diese zweite Seite besteht aus Elementen, die wir als Status-Heber bezeichnen. Sie sind in unseren Betrachtungen des Phänomens Status von untergeordneter Bedeutung. Der Star des bewussten Status-Spiels ist allein unsere eigene Persönlichkeit, das individuelle Können, das uns in die Lage versetzt, den eigenen Status selbst zu bestimmen, wenn es darauf ankommt.

 Das sagt der Status-Experte:
Das Wissen über Status ist in unserer Intuition verankert. Unser Bauchgefühl weiß Bescheid. Man muss allerdings darauf achten.

Im Café ist das letzte Wort noch nicht gesprochen. Die Frau kämpft im Status innen tief – außen hoch weiter um ihren Platz:

Sie: »Ich werde den Geschäftsführer rufen lassen.«
Er: »Tun sie das.«
Sie: »So etwas habe ich noch nicht erlebt. Eine bodenlose Frechheit.«
Er reagiert nicht.

Sollte sie jetzt tatsächlich den Geschäftsführer rufen, wird er die Sache für sie regeln. Sein Interesse besteht darin, alle Gäste zufriedenzustellen. Also wird er, wenn er seinen Beruf beherrscht, genau das gegenteilige Verhalten zeigen. Er wird innen hoch (mit festem Vorsatz) und außen tief (freundlich, zuvorkommend, gegebenenfalls schmeichelnd) nach einem Kompromiss suchen, mit dem beide leben können.

Alleine auf sich gestellt, hat die Frau in ihrem aktuellen Zustand hingegen wenig Aussicht auf Erfolg. Sie ist emotional zu aufgewühlt. Der Mann hat sie mit seinem Verhalten aus der Fassung gebracht. Sie ist fest davon überzeugt, dass sie recht hat und der Mann unrecht, dass sie sich richtig verhält und der Mann falsch. Doch der Mann hat sie intuitiv längst durchschaut und weiß, dass sie schwächer ist als er. Das nutzt er, wiederum intuitiv, gnadenlos aus. Nüchtern betrachtet verursacht die Frau ihre Niederlage damit selbst.

Ganz anders läuft die Szene ab, wenn die Status-Positionen vertauscht sind: Der Mann ist innen tief – außen hoch, die Frau doppelt hoch:

Sie kommt, nachdem sie ihren Mantel aufgehängt hat, zurück zum Tisch, an dem der Mann inzwischen Platz genommen hat.

Sie: »Es tut mir leid, aber das ist mein Tisch.«

Er: »Erlauben Sie. Der Tisch war frei, als ich Platz genommen habe.«

Bereits während der Mann spricht, nimmt sie Platz.

Sie: »Da ist Ihnen wohl ein Irrtum unterlaufen. Tut mir leid für Sie.«

Gleichzeitig gibt sie in Mimik und Gestik zu verstehen, dass der Mann aufstehen und den Tisch verlassen soll.

Er: »Erlauben Sie mal. Was fällt Ihnen ein. Ich sagte bereits, dass der Tisch frei war, als ich mich hingesetzt habe.«

Sie: »Der Tisch ist reserviert.«

Sie nimmt die Speisekarte und sieht hinein.

Er: »Der Tisch war frei.«

Sie: »Ich möchte Sie bitten, jetzt zu gehen.«

Er: »Unverschämtheit. Was bilden Sie sich ein! Typisch Frau ...«

Einige Besonderheiten in der Art der Empörung werden im Laufe der Auseinandersetzung zutage treten. Männer und Frauen verhalten sich leicht unterschiedlich, im Kern aber sind die Muster gleich. Der Kampf ist von Anfang an entschieden, denn in der Regel gewinnt der innen hohe Status. Eine Ausnahme kann der Zicken-Status sein. Er ist innen tief und außen hoch. Wird diese Haltung, die auf Trotz basiert, sehr vehement durchgehalten, vermag sie mitunter über den doppelten Hochstatus zu triumphieren. Der gibt dann irgendwann einfach auf, weil der Aufwand zu groß oder die Auseinandersetzung so intensiv wird.

Wie würde die Auseinandersetzung im Café wohl ablaufen, wenn beide im Zustand innen tief – außen hoch streiten? Es könnte ziemlich hässlich werden.

Innen tief, außen tief

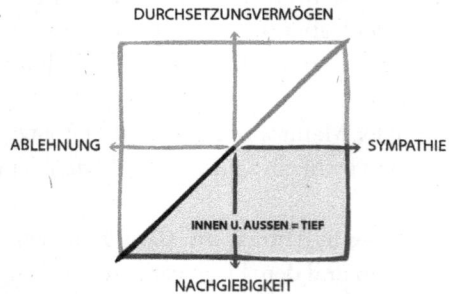

Bei dieser Variante begegnen wir den sympathischen, hilfsbereiten, angenehmen Zeitgenossen. Erdenbürgern, denen das Wohl ihrer Mitmenschen am Herzen liegt und die schnell bereit sind, Kompromisse zu schließen oder ihre eigenen Interessen anderen unterzuordnen. Ihre Liebenswürdigkeit hat allerdings oft leider die Konsequenz, dass sie sich nicht gut durchsetzen können.

Aus dem Café kennen wir diese Spielart bereits. In der allerersten Szene macht die Frau den Mann kurz und wenig energisch auf ihren Anspruch aufmerksam, gibt sich aber geschlagen, als ihr klar wird, dass er es ernst meint. Schnell entscheidet sie, keinen Konflikt heraufzubeschwören, sondern sich lieber auf die Suche nach einer anderen Lösung zu begeben. Ein klassisches Beispiel für doppelten Tiefstatus: Der Wunsch nach Harmonie ist stärker als der Wille, den Tisch zurückzuerobern.

Das sagt der Status-Experte:
Der entscheidende Faktor im Status-Spiel ist die eigene Gefühlslage. Habe ich den grundsätzlichen Wunsch nach Nähe oder nach Distanz?

Wir begegnen dieser Haltung überall und immer wieder, bei uns selbst und bei unseren Mitmenschen. Erkennbar ist er z. B. bei einer Mutter, die nicht »Nein« sagen kann und ihrem quengelnden Kind letztendlich doch den Schokoriegel vor dem Essen erlaubt oder dem bereits aus der elterlichen Wohnung ausgezogenen Sohn immer noch die schmutzige Wäsche wäscht. Wieso? Vielleicht, weil sie eine ablehnende Haltung fürchtet.

Der Wunsch nach Nähe leitet auch die immer hilfsbereite Kollegin, die stets überarbeitet ist, weil sie überall hilft, und der es nie einfallen würde, einen Kollegen im Regen stehen zu lassen. Auch die Frau, die die Hobbys ihres Freundes mitmacht, ihn zum Angeln begleitet oder mit ihm über den Golfplatz wandert, ist von diesem Wunsch gelenkt.

Der doppelte Tiefstatus ist immer dann bestimmend für unser Verhalten, wenn wir aus dem tiefen Bedürfnis heraus handeln, gemocht zu werden und Sympathien zu erwerben. Treibt jemand seine Hilfsbereitschaft allerdings so weit, dass er selbst dabei am Ende zu kurz kommt, kann der unbedingte Wunsch nach Nähe zur komplizierten Barriere für ein glückliches Leben werden.

Das sagt der Status-Experte:
Der tiefe Status entsteht aus Respekt vor dem anderen oder aus dem unbedingten Bedürfnis nach Sympathie.

Zusammenfassung

1. Die meisten Menschen spielen ihre Status-Spiele unbewusst.
2. Man kann seine Status-Spiele jedoch auf eine bewusste Ebene heben.
3. Es gibt zwei Status-Positionen:
   Hochstatus
   Tiefstatus
4. Es gibt vier Status-Zustände:
   innen hoch – außen tief
   innen hoch – außen hoch
   innen tief – außen hoch
   innen tief – außen tief
5. Die vier Status-Zustände haben vier grundlegend unterschiedliche Wirkungen:
   – innen hoch – außen tief; schafft es, respektiert zu werden und gleichzeitig sympathisch zu sein
   – innen hoch – außen hoch; garantiert vor allem hohen Respekt
   – innen tief – außen hoch; erringt weder Respekt noch Sympathie
   – innen tief – außen tief; erzeugt hohe Sympathiewerte jedoch wenig Respekt
6. Jeder Statuszustand hat seine emotionalen Ursachen und seine natürliche Berechtigung.
7. Je authentischer ein Mensch ist, desto besser stehen seine Chancen im Status-Spiel.
8. Der innere Status bildet das Status-Gerüst.
9. Der äußere Status bildet die Fassade. Je stabiler das Gerüst ist, desto vielseitigere Fassaden vermag es zu tragen.
10. Status ist frei verfügbar. Man kann ihn sich einfach nehmen. Er funktioniert allerdings nur, wenn er von anderen auch anerkannt wird.
11. Beim bewussten Status-Spiel geht es nicht darum, recht zu haben, sondern seine Interessen klug durchzusetzen.

B – Status im Alltag

Mische ein bisschen Torheit in dein ernsthaftes Tun und Trachten!
Albernheiten im rechten Moment sind etwas ganz Köstliches.

Horaz, Dichter der Antike

Status ist immer – und überall

Unentwegt erleben wir Status-Kämpfe und Status-Spiele, denn im Zusammenleben mit unseren Zeitgenossen kommt es ständig zu Interessenkonflikten. Der eine will dies, der andere das. Oft geraten wir mir nichts, dir nichts in einen Konflikt mit völlig Fremden, weil uns z. B. jemand einen Parkplatz wegschnappt, sich in der Schlange an der Supermarktkasse vordrängelt, im Zugabteil mit seinem Handy telefoniert und uns dadurch beim Lesen stört usw. In vielen dieser Situationen fällt es uns nicht immer leicht, unsere Meinung zu sagen, unsere Position zu vertreten, uns durchzusetzen. Es kostet Überwindung, sich zu Wort zu melden und die eigenen Interessen mitzuteilen. Wir sind gestresst.

Szene:
Wochenende, Erholungstag an einem See. Sie liegen am Sandstrand mit Decke, Picknickkorb und Buch. Sie lesen. In Ihrer Nähe lassen sich einige Jugendliche nieder: Decke, Alkohol, Ghettoblaster, Rockmusik, laut.

Wie reagieren Sie?

Sie packen Ihre Sachen und suchen sich eine andere Stelle, an der keine Jugendlichen mit lauter Rockmusik stören?

Sie fluchen leise in sich hinein und sind untröstlich über die Rücksichtslosigkeit der heutigen Jugend?

Sie wünschen sich, so reich zu sein, dass Sie sich einen eigenen See kaufen können, an dem sie garantiert allein und ungestört sind?

Sie gehen zu den Jugendlichen hinüber und beschweren sich über den Krach?

Sie gehen zu den Jugendlichen und bitten sie, die Musik leiser zu drehen?

Sie gehen zu den Jugendlichen, laden sich selbst zur Party ein und feiern mit ihnen?

Bevor Sie entscheiden, sollten Sie zwei Fragen klären:

1. Was wollen Sie?
2. In welche Grundstimmung hat Sie das Problem versetzt?

Diese beiden Faktoren bestimmen entscheidend den Status, den Sie bereits in der ersten Sekunde automatisch eingenommen haben. Er wird Ihr Verhalten maßgeblich bestimmen.

Um herauszufinden, nach welchen Mustern Sie reagieren, hilft ein Blick auf das Status-Modell:

Innen hoch, außen tief

Sie erblicken die Jugendlichen und ahnen, was kommen wird. Es ist nicht das, was Ihnen für diesen Nachmittag am See vorschwebt. Sie wollen sich keinen Ärger einhandeln. Sie wollen sich aber auch nicht ärgern lassen.

Sie haben sich schnell ein Bild von den Jugendlichen gemacht: Kann man mit ihnen reden, sind sie bereits angetrunken, kann man an sie appellieren?

Bevor die Jugendlichen die Situation etablieren können, nehmen Sie bereits Kontakt auf. Ist die Musik nämlich erst einmal eingeschaltet und hat der Alkohol bereits begonnen zu kreisen, wird es schwierig, die Situation wieder zurückzudrehen. Also ist es ratsam, sich vorher einzuschalten.

Sie sprechen die Jugendlichen freundlich an: »Wo kommt ihr her? Ich habe euch hier noch nie gesehen.« Das sagen Sie auch dann, wenn Sie selbst zum ersten Mal dort sind. Es erzeugt Respekt, ohne Sie unsympathisch wirken zu lassen. Außerdem sind Sie gleich im Vorteil, denn Sie erwecken den Eindruck, die älteren Rechte zu haben.

Mit der nächsten Frage erkundigen Sie sich vielleicht nach der Musik, die die Jugendlichen hören. Daraus können Sie weitere Schlüsse ziehen und ihre Strategie entsprechend anpassen. Es macht ja durchaus einen Unterschied, ob die Jugendlichen gefällige Popmusik oder Heavy Metal erklingen lassen wollen.

Im Verlauf der Unterhaltung, Sie bleiben verbindlich und freundlich, fahren Sie fort, die Konversation zu steuern, indem Sie weitere Fragen stellen. Das schafft eine lockere Atmosphäre, weil Interesse signalisiert wird, das immer dann entsteht, wenn Menschen auf einer respektvollen Frage-Antwort-Ebene miteinander kommunizieren. Ist diese Voraussetzung geschaffen, fällt es nicht mehr sonderlich schwer, die andere Seite von den eigenen Vorstellungen zu überzeugen – zumindest so weit, dass der einmal hergestellte gegenseitige Respekt nicht mutwillig oder fahrlässig wieder zerstört wird. Man hat gute Voraussetzungen geschaffen, um den Tag am See weiter genießen zu können.

Innen hoch, außen hoch

Bereits wenn die Jugendlichen sich niederlassen und Sie schon ahnen, dass es laut werden wird, beginnen Sie zu handeln. Sie gehen zu ihnen hinüber und erklären die Regeln. Barscher Tonfall, knappe Sätze, kein Platz für Antworten oder Widerreden: »Herrschaften – Ruhestörung, Alkohol, Zigaretten – alles verboten. Hier ist Erholungsgebiet. Wenn Sie feiern wollen, müssen Sie sich einen anderen Ort suchen. Hier sind Sie nur geduldet, wenn Sie sich an die Regeln halten. Zuwiderhandlungen werden mit Ordnungsgeldern bis 500 Euro bestraft. Ich sage Ihnen das gleich von vornherein, damit es nachher keine unliebsame Überraschung gibt.«

Versuchen Sie diesen Tonfall einmal selbst. Sie werden bemerken, wie viel Macht darin liegt und wie viel Respekt er erzeugt. Man fühlt sich stark und stellt sein Handeln nicht in Frage.

Was Sie sagen, muss nicht einmal stimmen. Es kann einfach behauptet werden, wenn es nur dem Ziel dient. Wichtig sind die Übermittlung von Nachdruck und Autorität. Sie sind überzeugend und reden von oben herab. Sie machen sich damit zwar recht unbeliebt, werden Ihre Wirkung aber nicht verfehlen. Sie haben eine große Chance, dass die jungen Leute sich gar nicht erst niederlassen, sondern einen anderen Platz suchen werden, weit genug von Ihnen entfernt.

Innen tief, außen hoch

Sie sind ziemlich verärgert und überzeugt, dass solche Rücksichtslosigkeiten in Ihrer Jugend nicht vorgekommen sind. Sie kämpfen mit sich selbst: Sollen Sie hingehen und sich beschweren? Eine Zeitlang hoffen Sie, dass die Jugendlichen von selbst wieder verschwinden. Wahrscheinlich aber ist, dass das nicht passieren wird. Dann ist irgendwann der Punkt erreicht, an dem Sie so wütend werden, dass Sie zu den Jugendlichen hinübergehen, um sich zu beschweren. Sie werden schimpfen und sich empören. Die Wirkung wird wahrscheinlich nicht so ausfallen, wie Sie sich das wünschen. Die Jugendlichen werden sich nicht einsichtig zeigen, möglicherweise gar unverschämt oder beleidigend reagieren. Es wird Streit geben. Ihre Ruhe ist dahin, und selbst wenn es Ihnen gelingt, die Jugendlichen am Ende in die Flucht zu schlagen, wird der Ärger noch eine ganze Zeit lang in Ihnen nachwirken.

Innen tief, außen tief

Sie werden die neue Situation hinnehmen, sich wahrscheinlich ärgern, aber nichts unternehmen, um die ursprünglich so selige Ruhe am See wiederherzustellen. Vielleicht fürchten Sie sich davor, mit den Jugendlichen in Streit zu geraten. Ihre Abneigung gegen Konfrontation ist so groß, dass Sie sich lieber ein neues Plätzchen suchen. Der Ärger aber wird in Ihnen nachwirken, die inneren Monologe, die in Ihnen ablaufen, werden um die Frustration kreisen, die Sie erlebt haben, und dann, eine Weile später, wenn die erste Aufregung sich gelegt hat, ist alles da: die Sätze, die Sie hätten sagen können, die Gesten, die Sie hätten machen können, der Stolz, den Sie hätten behalten können, der Schneid, den Sie sich haben abkaufen lassen.

So ist das mit uns und dem tiefen Status. Wir könnten anders, aber die Situation hat uns überrumpelt. Als es darauf ankam, ist uns nicht eingefallen, was wir hätten tun und sagen sollen.

Die geschilderten Szenen sind lediglich Beispiele und nicht als Gebrauchsanweisungen gedacht. Sie beschreiben mögliche Reaktionsmuster, die in den Details auch ganz anders ablaufen oder gestaltet werden können. Wichtig ist allein, den Charakter der unterschiedlichen Aktions- und Reaktionsmuster zu erkennen und zu verstehen.

Gehen wir in einem zweiten Beispiel von der gleichen Grundsituation aus: Sie liegen am See, alles ist ruhig, Sie sind entspannt, lesen, erholen sich, picknicken. Plötzlich läuft ein Hund herum, schnuppert an Ihrem Picknickkorb, läuft ins Wasser und wieder heraus, schüttelt sich, ihre Decke wird dabei nass und vielleicht sogar Sie selbst. Hunde sind an diesem Strand nicht erlaubt. Ein Schild weist darauf hin. Der Hundebesitzer ist ein tätowierter Mann von 190 cm Größe. Er hat eine abweisende, unfreundliche Haltung und wirkt ungepflegt.

Wieder läuft automatisch und sofort eine innere Reaktion in Ihnen ab, die erheblichen Einfluss auf Ihr Verhalten haben wird. Wieder stehen Ihnen, wenn Sie ein Status-Spieler sind, alle vier Varianten zur Verfügung, und wenn Sie kein Status-Spieler sind, nur eine einzige, die Sie nicht einmal frei wählen können, weil die Entscheidung bereits in der ersten Sekunde gefallen ist.

Ob routinierter Status-Spieler oder nicht, in diesem Beispiel soll jede Status-Position unter der gleichen Voraussetzung noch einmal durchgespielt werden: Sie weisen den Hundebesitzer darauf hin, dass Hunde an diesem Strand nicht erlaubt sind. Das Augenmerk ist auf den Stil gerichtet, mit dem Sie Kontakt aufnehmen und Ihr Anliegen kundtun.

Innen hoch, außen tief

»Ist das Ihr Hund? Ist der friedlich? Kann man ihn streicheln? Ist ein interessantes Tier. Was für eine Rasse ist das? Wirklich ein schönes Tier. Ich finde schade, dass man Hunde hier nicht mitbringen darf. Wer weiß, warum das so streng gehandhabt wird. Die Strafe, die sie androhen, ist ja ziemlich saftig. Ich find's übertrieben, aber was soll man machen. Ist wahrscheinlich auch nicht schlimm, wenn Sie ein paar Minuten mit dem Hund hierbleiben. Da kann er mal kurz baden und sich erfrischen ...«

Der Hundebesitzer wird sich verstanden fühlen. Opposition ist so gut wie unmöglich. Die persönliche Ebene zu ihm ist durchaus respektvoll. Er wird sozusagen überredet, mit seinem Hund weiterzuziehen.

Innen hoch, außen hoch

»Das geht aber nicht, mein Herr. Der Hund muss hier weg. Da gibt es keine zwei Meinungen. Und ich gehe auch davon aus, dass Sie kein Interesse daran haben, sich eine satte Geldstrafe einzuhandeln.«

Hier lässt jemand von vorneherein keinen Zweifel daran aufkommen, wer das Sagen hat und wie die Welt wieder zurechtgerückt werden muss. Geht der Hundebesitzer in Opposition, wird der doppelte Hochstatus den Druck sofort erhöhen, denn sein Ziel ist glasklar: Der Hund *kommt* weg – und der Hundebesitzer gleich mit ihm.

Innen tief, außen hoch

»Das ist doch eine Unverschämtheit. Können Sie nicht lesen? Hier sind Hunde verboten. Steht deutlich lesbar auf dem Schild da vorne. Unverschämtheit.«

Der Ton ist unfreundlich, aggressiv. Der Angriff wird aber möglicherweise nicht die erhoffte Wirkung zeigen, denn der Hundebesitzer geht automatisch in Opposition. Niemand lässt sich gerne unfreundlich behandeln, selbst dann nicht, wenn er wissentlich gegen eine Regel verstößt.

Zu bedenken ist auch, dass der Hundebesitzer wahrscheinlich ebenfalls ein Status-Typ außen hoch – innen tief ist. Sein Erscheinungsbild lässt das vermuten. In diesem Fall ist er selbst nur zu geübt darin, nach außen den starken Mann zu spielen, während er innerlich kein klares Konzept verfolgt. Die beiden Kontrahenten werden dann hart aufeinanderprallen und in heftigen Streit geraten. Von einer intelligenten Lösung wird nicht viel zu sehen sein.

Die innere Haltung lässt sich in etwa so beschreiben: Der Hund *soll* weg.

Innen tief, außen tief

»Ich meine, das ist ein schöner Hund, und ich habe auch nichts gegen Hunde. Und der Hund kann ja nichts dafür, aber eigentlich sind Hunde hier nicht erlaubt. Ich habe diese Regel nicht gemacht. Es steht da vorne auf dem Schild, wissen Sie ...«

Es ist gut möglich, dass der doppelte Tiefstatusmensch einen Monolog dieser Art mit sich selbst führt. Um ihn zu üben. Um nur kein falsches Wort zu sagen. Um zu vermeiden, dass der Hundebesitzer ärgerlich wird.

Es ist auch wahrscheinlich, dass der doppelte Tiefstatusmensch über diese Probephase nicht hinausgeht und den Hundebesitzer nicht wirklich anspricht, sondern hofft, er möge von selbst ein Einsehen haben.

Die innere Haltung lässt sich beschreiben mit: Es wäre schön, wenn der Hund wieder verschwindet.

Die geschilderten Reaktionen beschreiben auf allgemeine Weise die Wahl der Sprache, die die einzelnen Status-Typen gewöhnlich wählen – denn auf die Sprache und ihren Sound kommt es maßgeblich an, wenn es darum geht, andere von seiner Meinung zu überzeugen oder sie zu einem bestimmten Verhalten zu bewegen.

 Das sagt der Status-Experte:

1. **Der Status innen hoch, außen tief löst den Konflikt.**
2. **Der doppelte Hochstatus sucht den Konflikt.**
3. **Der Status innen tief, außen hoch verschärft den Konflikt.**
4. **Der doppelte Tiefstatus scheut den Konflikt.**

Status und Kommunikation

Status gestaltet Ihre Wirkung. Er bestimmt, wie Sie wahrgenommen werden, ob Sie als Verlierer- oder Siegertyp rüberkommen, ob Sie einen lockeren, verkrampften, bestimmenden oder hilfesuchenden Eindruck erwecken, ob Sie jemand sind, der Chancen wahrnimmt oder überall Risiken sieht, ob Sie warmherzig sind oder eher durchsetzungswillig, Kuschelbär oder Eisberg. Aber auch, ob Sie lösungs- oder ursachenorientiert vorgehen, wird durch Ihr Status-Verhalten übermittelt. Sie sind dann nämlich entweder daran interessiert, neue Wege auszuprobieren oder eben nicht. Im zweiten Fall werden Sie eher danach fragen, wer schuld hat, wenn etwas nicht funktioniert, als danach, wie die Lösung des Problems aussehen könnte. Ihr Gegenüber weiß darüber hinaus schnell, ob Sie ein Misserfolg-Vermeider oder ein Chancen-Sucher sind, und bei alldem stehen die beiden großen Phänomene Ihrer Präferenz im Vordergrund:

 Das sagt der Status-Experte:
Sympathie und Respekt bilden das große Gegensatzpaar
im Status-Spiel.

In den meisten Fällen neigen Menschen dazu, eher das eine oder das andere zu sein: sympathisch oder respektiert.

Wie aber übermitteln wir die Informationen über unseren Status, oft ohne es zu wissen und nicht selten gegen unseren Willen?

Wir kommunizieren über Körperhaltung, Gesichtsausdruck, Bewegungen, Stimme und Wortwahl. Wir kommunizieren auch über Status-Heber. Aus einem Sportwagen oder SUV auszusteigen wirkt anders, als aus einem Kleinwagen zu krabbeln.

Status-Heber spielen in unserer Betrachtung jedoch lediglich eine untergeordnete Rolle und werden als äußere Faktoren angesehen. Teure Kleider kann man kaufen, Autos auch, Villen, Yachten, Ländereien ebenfalls. Mitunter sind solche äußeren von inneren Faktoren jedoch nicht ohne weiteres zu trennen. Mischen sie sich miteinander, nennt man das einen Halo-Effekt: Kleider machen Leute. Dieses Phänomen taucht im Alltag vielfältig auf. Mit ein wenig Übung entwickelt man bald die Fähigkeit, den Halo – die hineinstrahlenden Status-Heber – zu erkennen und aus dem eigentlichen Status-Thema herauszufiltern. Man fällt nicht mehr so leicht darauf herein und kann sich besser auf die eigentliche Persönlichkeit seiner Mitmenschen konzentrieren. Darauf nämlich kommt es an: auf den Teil des Wesens und Charakters von Menschen, der sich nicht über Status-Heber kommunizieren lässt.

Übermitteln wir unseren Status allein auf der Grundlage unserer Persönlichkeit, haben wir dazu ein reiches Arsenal an Werkzeugen: Benehmen, Wortgewandtheit, Stimme, Gestik, Mimik. Mein Status entscheidet darüber, wie ich Inhalte übermittle. Habe ich einen hohen Status, rede ich frei, ungezwungen, erlaube mir auch, andere zu unterbrechen, ihre Meinung in Frage zu stellen. Ich bewege mich locker, gestikuliere, zeige ein reges Mienenspiel, beende das Gespräch, wenn ich den Zeitpunkt für gekommen halte oder mir danach ist. In einem tiefen Status hingegen höre ich eher zu, Gestik und Mimik signalisieren Unsicherheit, meine Aufmerksamkeit ist auf mein Gegenüber ausgerichtet. Ich nicke zu Äußerungen mitunter auch, wenn ich nicht überzeugt bin, warte, bis der mit dem höheren Status zu Ende gesprochen hat oder bis er das Gespräch beendet. Verdrießlich kann es werden, wenn das Status-Gefälle zwischen Kommunikationspartnern sehr groß ist. Dann lacht mitunter eine ganze Gruppe über die faden Witze des Chefs, und selbst wenn sie despektierlich werden, widerspricht niemand. Davon später mehr.

Einige zentrale Fragen des Status-Spielers lauten: Was ist meine Status-Strategie in einer bestimmten Situationen, und welche Wirkung erzeuge ich damit bei anderen? Verlasse ich die Opferhaltung und nutze meine Chancen, oder fürchte ich mich zu sehr vor Komplikationen? Verschaffe ich mir Respekt auch auf die Gefahr hin, dass ich die Sympathie der anderen verliere?

Werfen wir dazu noch einmal einen Blick an den Strand, wo der Hund für Unruhe sorgt, und tauschen den Hundebesitzer aus. Er ist jetzt ein gepflegter Herr, honorige Persönlichkeit, aristokratischer Stil.

Die Reaktionen der einzelnen Status-Typen werden nicht markant anders ausfallen, denn jeder reagiert stets seinem Typus entsprechend und nimmt dabei nur wenig Rücksicht auf sein Gegenüber, mit Ausnahme des Typus innen hoch – außen tief.

Interessant an der neuen Situation ist vor allem, dass der zweite Hundebesitzer, der aristokratische Herr, einen anderen Status-Typ verkörpert als der erste. Wir haben es jetzt mit einem doppelten Hochstatus zu tun. Er verfolgt mit hoher Wahrscheinlichkeit eine Status-Strategie, die in etwa so lauten könnte: Ich gehe hier mit meinem Hund spazieren, und das ist gut und richtig so. Allen, denen das nicht passt, steht es selbstverständlich frei, sich einen anderen See zu suchen. Einen, an dem ich gerade nicht spazieren gehe.

Der zweite Hundebesitzer wird sich also nicht auf eine Diskussion oder gar einen Streit einlassen. Er wird vielmehr arrogant und hochnäsig die Einwände ignorieren. Lediglich zwei Status-Typen hätten eine Chance, ihm Paroli zu bieten: der innen hohe und außen tiefe Charismatiker, der auch hier versuchen wird, eine persönliche Ebene herzustellen, und ein weiterer doppelter Hochstatus. Das allerdings kann zu eigentümlichen Szenen führen, denn wenn doppelter Hochstatus auf doppelten Hochstatus trifft, wird so lange gerungen, bis ein Status-Gefälle hergestellt ist. Einer der beiden muss klein beigeben; ein Zugeständnis, das keiner von ihnen im Grunde für akzeptabel hält. So werden sie kämpfen und kämpfen und kämpfen – und das kann dauern:

Szene:
1. Hochstatus: »Hier sind Hunde verboten. Wenn Sie den Hund nicht fortbringen, lasse ich ihn entfernen, und das wird ganz sicher teuer für Sie.«
2. Hochstatus: »Sind Sie die Seeaufsicht? Oder versuchen Sie, sich wichtig zu machen? Ein bisschen mehr Toleranz würde Ihnen sicher ganz gut stehen. Ich hätte Sie großmütiger eingeschätzt.«

Wer von den beiden hat das Status-Spiel gewonnen?

Etwas anders wird die Sache ausgehen, wenn es beim Status-Gerangel nicht ausschließlich um die persönliche Stärke, sondern auch um Position und Rang geht, wie dieses Beispiel zeigt:

Szene:
Wir befinden uns auf einer Zugreise. Eine Durchsage ertönt: »Falls sich im Zug ein Arzt befindet, kommen Sie bitte in Wagen neun.«

Ein Reisender, ein prominenter TV-Star, ist ohnmächtig geworden. Innerhalb weniger Minuten finden sich vier Ärzte ein, zwei Männer und zwei Frauen.

Einer ist Chefarzt, was dadurch klar wird, dass eine der Ärztinnen ihn erkennt und ihm selbstverständlich den Vortritt lässt. Kurz darauf verlassen drei Ärzte Wagen neun wieder. Der Chefarzt hält ihre Anwesenheit nicht für erforderlich. Als er sich gerade dem ohnmächtigen Patienten zu widmen beginnt, erscheint ein weiterer Herr und gibt sofort Anweisung, den Patienten in stabile Seitenlage zu bringen. Der Chefarzt sieht den Neuen irritiert an, stellt sich zwischen ihn und den Patienten und sagt: »Sind Sie ein Kollege?«, und stellt sich dann vor: »Professor Dr. X.«

Der Neue nickt und sagt: »Sehr erfreut, Professor Dr. Y.«

Die beiden Herren kennen einander nicht persönlich und auch nicht vom Hörensagen. Sie wissen daher weder, wer bekannter, berühmter, dienstälter ist, noch wer mehr wissenschaftliche Veröffentlichungen verzeichnet oder wer bei welcher Koryphäe studiert hat. So beginnen sie ein Gespräch über die beste Methode, den Patienten zu behandeln. In dieser Fachsimpelei, die von Anfang an so geführt wird, dass ein Nichtmediziner sie keinesfalls verstehen kann, klopfen die beiden Professoren sich genau daraufhin ab, wem der höhere Status gebührt. Solange das nicht geklärt ist, bleibt der Patient unbeachtet. Da die beiden Herrn in jeder Hinsicht gleichwertige Kontrahenten zu sein scheinen, benötigen sie sehr lange, um den Status zu klären. In der Zwischenzeit stirbt der Patient – oder, wenn wir ein versöhnliches Ende bevorzugen, wacht von alleine wieder auf, und es geht ihm besser. Für die Professoren ist es unmöglich, tätig zu werden, solange nicht geklärt ist, wem der hohe und wem der tiefe Status gebührt.

Zusammenfassung

1. Es kommt zuerst darauf an, was kommuniziert werden soll, also was man zu sagen hat.

2. Ist man sich darüber im Klaren, was man sagen will, ist es von entscheidender Bedeutung, wie man es sagt.

3. Die Art und Weise, wie man kommuniziert, bestimmt die Art und Weise, wie man auf den anderen wirkt. Der Ton macht die Musik.

4. Je klarer die innere Haltung, desto einfacher ist es, einen hohen Status einzunehmen.

5. Je unklarer die innere Haltung, desto wahrscheinlicher ist es, in einen tiefen Status zu geraten.

Status ist lebensnotwendig

Die Szene der Chefärzte im Zug entbehrt nicht einer gewissen Komik. Sie ist sogar ein wenig lächerlich, wenn man sie von außen betrachtet. Ist man hingegen in sie verstrickt, ist sie ganz und gar nicht komisch, sondern pures Drama. Die Beteiligten können nicht anders, als die Situation bitterernst zu nehmen. Die Ursache für diese Unausweichlichkeit liegt in einem Bereich unseres Gefühlslebens verborgen, der sehr viel älter ist als unsere durch Zivilisation und Kultur geprägten Regeln, Normen und Werte. Sie stammt aus der Ära, in der unsere grundlegenden emotionalen Strukturen entstanden sind.

Menschen sind sozial lebende Wesen. Sie finden sich in Gruppen zusammen, um Aufgaben besser meistern, Gefahren besser abwehren, Informationen besser austauschen zu können. Viele Lebewesen, die in Gruppen leben, legen soziale Ordnungen fest. Jedes Mitglied der Gemeinschaft hat eine bestimmte Position, an die bestimmte Aufgaben gekoppelt sind und die mit bestimmten Privilegien verbunden ist. In einem Wolfsrudel zum Beispiel ist der Stärkste der Anführer. Er allein ist zur Fortpflanzung berechtigt und verteidigt dieses Privileg kompromisslos. Seine ranghöchste Stellung gilt so lange, bis ein stärkerer Wolf ihn verdrängt und die Alpha-Position einnimmt. Der Rang, also der Status, ist folglich erworben. Er kommt nicht von irgendwoher oder wird zugeteilt. Im Gegenteil: Er muss verdient werden. Ist das geschafft, muss er ständig verteidigt und dokumentiert werden. Alle Mitglieder des Rudels wissen stets, wer der Chef ist und wer die Chefin. Auch sie hat ihre Position erworben. Auch sie ist allein zur Fortpflanzung berechtigt und verteidigt dieses Privileg. Dokumentiert wird der Status durch eine Vielzahl von Signalen und Zeichen. Jedes Rudelmitglied sendet an andere spezielle Signale, um seinen Status anzuzeigen. Das ist ziemlich wichtig zum Beispiel bei der Zuteilung der Nahrung. Je höher der Rang, desto weiter vorne liegt man bei der Futterverteilung.

Doch der Mensch ist nicht Wolf allein. Eine rein darwinistische Sichtweise hilft uns im alltäglichen Spiel um unseren Status nicht wirklich weiter, denn dann wäre ja stets der Stärkste automatisch der Status-Höchste. Bereits ein flüchtiger Blick auf einige große Persönlichkeiten zeigt, dass Status unter Menschen anders verteilt wird: Viele berühmte und erfolgreiche Hollywoodschauspieler sind körperlich klein und der als intelligentester Mensch der Welt geltende Wissenschaftler Stephen Hawking sitzt behindert und bewegungsunfähig im Rollstuhl. Menschen legen Rangfolgen viel komplizierter und facettenreicher fest. Sie kommunizieren über Körpersprache, Stimme und Ausdrucksweise, um Status mitzuteilen, und verfügen dabei über eine enorme Vielfalt von Signalen: vom gewinnenden Lächeln über den strafenden Blick bis zur donnernden Stimme...

Status ist dabei keineswegs starr. Er kann sowohl innerhalb der Gruppe wie auch im inneren und äußeren Verhalten jedes Einzelnen wechseln oder gewechselt werden. Das jüngste Kind steht in der Hierarchie der Geschwister im Rang tief, kann aber im Sportverein durchaus der Kapitän oder Mannschaftsführer sein, im Rang also hoch. Die Frau im Café kann ihr bevorzugtes Statusverhalten ändern und sich fest vornehmen, den Tisch zurückzuerobern. Sie ändert ihren Status, indem sie z. B. kreativ oder zickig oder grantig wird.

Die hohe Flexibilität von Status in unserem Alltag bietet viele Gelegenheiten, das Phänomen genauer zu ergründen. Den größten Teil des Tages streben wir nach Status-Veränderungen, nicht unbedingt und immer von einem tiefen zu einem hohen Status, denn grundsätzlich sind alle Status-Zustände gleichwertig, weil jede Position ihre bestimmte Aufgabe und ihre speziellen Privilegien hat. Dennoch sind wir bei weitem nicht immer mit der Position zufrieden, auf der wir uns gerade befinden. Vielleicht sind wir dort unterfordert. Oder überfordert. Oder langweilen uns. Oder fühlen uns ungerecht behandelt. Oder würden gerne mehr Aufmerksamkeit auf uns ziehen. Oder wollen unsere Ruhe. Oder es geht uns zu langsam oder zu schnell usw.

Eine interessantes Status-Spiel, das täglich hunderttausendfach abläuft, ist der Kampf zwischen Mutter und Kind: Der dreijährige Sohn will vor dem Abendessen einen Schokoriegel naschen. Die Mutter arbeitet tagsüber. Als Assistentin eines überforderten Marketingleiters erfährt sie fast nie ein Wort oder eine Geste des Dankes oder der Anerkennung. Wie geht sie jetzt, nach Feierabend, mit den quengelnden Forderungen ihres kleinen Sohnes um? Ist sie ihm gegenüber in der Lage, das zu tun, was ihr bei ihrem Vorgesetzten nicht gelingt: sich durchzusetzen?

Millionen Müttern gelingt das tagtäglich. Sie können in dieser Situation etwas, das ihnen bei anderer Gelegenheit, z. B. beim schimpfenden Chef, nicht gelingt: eine klare Position für sich und ihre Aufgabe einnehmen.

Damit ist ein zentraler Aspekt des Status-Spiels beschrieben:

 Das sagt der Status-Experte:
Man nimmt stets den Status ein, von dem man glaubt,
dass man ihn sich leisten kann.

Entscheidend ist stets das Motiv. Ist es klar und stimmig, fällt es nicht schwer, den notwendigen Status einzunehmen, um sein Ziel durchzusetzen. Liegen Gefühl und Vernunft, Mut und Furcht hingegen im inneren Widerstreit, wird es kompliziert. Dann nehmen wir eine Status-Position ein, die bei der Verfolgung unser langfristigen Ziele oder der optimalen Erledigung unsere aktuellen Aufgaben oft eher hinderlich ist.

Das sagt der Status-Experte:
Im Spiel um den Status geht es nicht um richtig oder
falsch, sondern um Ursache und Wirkung.

Zusammenfassung

1. Status-Spiele haben ihren Ursprung in der Tatsache, dass Menschen soziale Wesen sind und ihr Zusammenleben in Gruppen organisieren.

2. Innerhalb der Gruppen nimmt jedes Mitglied zunächst eine Position ein, die ihm von der Gruppe zugewiesen oder zuerkannt wird.

3. Diese zugewiesene oder zuerkannte Position ist nicht starr. Sie kann jederzeit verändert werden – entweder durch äußere Umstände oder durch eigene Leistung.

4. Hohe Status-Positionen in der Gruppe sind nicht garantiert. Sie müssen vielmehr immer wieder bestätigt und verteidigt werden.

5. Jedes Mitglied einer Gruppe hat potenziell den Wunsch, seine Position zu verbessern.

6. Ob tatsächlich Aktionen unternommen werden, um die eigene Position zu verändern, hängt von der individuellen Beurteilung der Chancen und der Risiken ab.

Das Motiv hinter dem eigenen Status

Der zweite große Aspekt, neben den gruppendynamischen Funktionen, der unser Statusverhalten maßgeblich beeinflusst, ist unsere individuelle Prägung. Sie basiert auf der Frage: Was fürchten wir mehr, Nähe oder Distanz? Positiv ausgedrückt stellt sich die Frage so: Was wünschen wir mehr, Respekt oder Zuneigung?

Ausgangspunkt all unserer Entscheidungen ist die individuelle Gefühlslage. Nur einer von zehn Menschen nimmt in Stresssituationen einen hohen Status ein und tut das aus einem ganz bestimmten Grund: Er hat ein starkes Bedürfnis nach Distanz, oder anders ausgedrückt, er hat Angst vor Nähe. Menschen, die im Alltag primär den doppelten Hochstatus anstreben, sind vom Wunsch nach Distanz so stark geprägt, dass sie in der Regel nicht anders können. Ihr herrisches, bestimmendes, tonangebendes Gebaren dient dazu, sich von vorne herein ein gehöriges Maß an Respekt zu verschaffen, denn nur so können sie ihre Mitmenschen auf Distanz halten und ihnen ihren Willen aufzwingen. Wir kennen sie zum Beispiel als Chefs, die nie zufrieden sind und andere gerne warten lassen, als strenge Mütter, die ihre Kinder in jungen Jahren ins Internat stecken, damit sie die Härte des Lebens frühzeitig kennenlernen, oder als Männer, die ihre Frauen mit herzlosem Luxus versorgen und dafür Akzeptanz für die Existenz einer Geliebten erwarten.

Will man es mit ihnen aufnehmen, hat man nur dann eine echte Chance, wenn man das Spiel des Charismatikers, also innen hoch – außen tief, gut beherrscht.

Das sagt der Status-Experte:
Ein entscheidender Faktor im Status-Spiel ist die eigene
Gefühlslage. Habe ich den grundsätzlichen Wunsch nach
Nähe oder nach Distanz, und bin ich in der Lage, zwischen
beiden Polen zu wechseln?

Beispiel:
Ihr Sohn erzählt Ihnen, dass sein Freund, ein aufgeweckter, fleißiger Junge am Beginn der Pubertät, im nächsten Schuljahr auf ein Internat ins Ausland wechselt. Sie finden das nicht gut. Der Freund Ihres Sohnes ist, wie Ihr eigener Sohn, zu jung für diesen Schritt hinaus ins Leben. Er gehört noch in den Kreis seiner Familie. Außerdem will er selbst nicht ins Internat.

Die Mutter des Jungen aber ist anderer Meinung. Sie sagt, ihr Sohn müsse früh selbständig werden, die unangenehmen Seiten des Lebens genauso kennenlernen wie die angenehmen. Zu Hause lasse sein Vater ihm viel zu viel durchgehen. Das schade der Entwicklung des Jungen, der später ja auch alleine seinen Mann stehen muss. Argumente, der Junge habe doch seine Freunde hier, sei bestens integriert in die Klassengemeinschaft, engagiere sich in der Jugendarbeit und sei beliebt im Sportclub, lässt die Mutter nicht gelten. Er muss lernen, sich zu bewähren und durchzusetzen. Das geht auf einem Internat viel besser als zu Hause, denn dort ist er gezwungen, Regeln zu befolgen und das Leben zu meistern.

Weshalb handelt die Mutter so? Was steckt dahinter?

Führen wir uns noch einmal vor Augen: Ausgangspunkt all unserer Entscheidungen ist die persönliche Gefühlslage. Nur einer von zehn Menschen nimmt in Stresssituationen einen inneren Status ein, der hoch ist. Es ist die Angst vor Nähe oder der Wunsch nach Distanz, der diese Menschen leitet. 90 Prozent unserer Mitmenschen hingegen neigen dazu, lieber einen tiefen Status einzunehmen, weil ihnen wichtiger ist, sympathisch zu sein, als respektiert zu werden. Im Fall der Mutter, die eindeutig im Hochstatus handelt bzw. entscheidet, treffen wir auf ein Mitglied der 10 Prozent. Sie wird sagen: »So ist es das Beste für mein Kind. Es muss früh auf eine Karriere vorbereitet werden.« Außerdem weiß sie aus Erfahrung, dass Internatsfreundschaften ein Leben lang halten etc. Richtet man den Blick nun genauer auf die persönlichen Hintergründe, könnte es durchaus sein, dass die Mutter die enge Bindung zu ihrem Kind eher zu fürchten scheint, als sie fördern zu wollen. Das geschieht vermutlich nicht aus Kaltherzigkeit, obwohl dieser Eindruck durchaus entstehen könnte. Doch Menschen, die sich für Distanz und Respekt entscheiden, sind möglicherweise gelenkt von der Furcht vor Enttäuschung, und die größte, die wir in unserem Leben erfahren können, ist die, verlassen zu werden. Ist die Angst davor sehr groß, kann es sein, dass diese Menschen sich unbewusst für eine Vermeidungsstrategie entscheiden und enge Bindungen scheuen, auch zu den Mitgliedern ihrer wichtigsten Gemeinschaft, in diesem Fall der eigenen Familie.

Von außen betrachtet sind diese versteckten Beweggründe oft nicht leicht zu entdecken, und wir begeben uns auch nur sehr selten auf die Suche nach ihnen. Wir beurteilen eher nach sozialen und emotionalen denn nach analytischen oder psychologischen Aspekten. Unsere Aufmerksamkeit gilt ohnehin viel mehr unseren eigenen Gefühlen. Im Fall der Mutter nehmen wir Durchsetzungswillen und Härte wahr und können uns nur schwer vorstellen, dass die Mutter es subjektiv wirklich ehrlich und wahrhaftig gut meint mit ihrem Jungen. Tut sie vermutlich aber. Sie entscheidet ja auf der Basis *ihrer* persönlichen, individuellen Gefühlslage. Ist diese uns fremd, weil wir ganz anders empfinden, verstehen wir auch das gesamte daraus hervorgehende Handlungsmuster nicht.

Im Prinzip machen Menschen im Tiefstatus es nicht anders. Auch sie verfügen über eine Menge logischer, folgerichtiger, einleuchtender Argumente für ihr Verhalten. Sie können darin ebenfalls sehr überzeugend sein, doch auch bei ihnen wird ein genauer Blick auf die persönlichen Hintergründe mit großer Wahrscheinlichkeit ein anderes Bild offenbaren: Sie wollen nicht »Nein« sagen, sich nicht zur Wehr setzen, nicht in den Konflikt gehen. Täten sie es doch, so wäre ein Verhalten, das sie in Distanz zu der anderen Person bringt, und das möchten sie lieber vermeiden.

Trotz dieser komplexen Grundlage ist es dem Tiefstatusmenschen durchaus möglich, den inneren Status zu stärken und einen klaren Standpunkt zu beziehen. Ebenso kann der Hochstatusmensch jederzeit die Entscheidung treffen, über seinen Schatten zu springen und sein Herz zu entdecken. Der Weg zu solch virtuosem Umgang mit dem eigenen Status führt über das bewusste Spiel.

Status-Spiele empfehlen sich immer dann, wenn man sich in einer Alltagsrolle nicht wohl fühlt, vielleicht, weil das Bedürfnis nach Harmonie so groß ist, dass man zu häufig und schnell bereit ist, in den inneren Tiefstatus zu gehen. Dabei kann ein so großer Leidensdruck entstehen, dass der Wunsch nach Veränderung wach wird. Dann ist es Zeit für das bewusste Status-Spiel.

Auch der Hochstatus kann unglücklich, weil einsam machen. Und auch hier bietet das Status-Spiel eine heilsame Plattform, andere Verhaltensmuster als die gewohnten auszuprobieren. Während das Verlassen des Tiefstatus darin besteht, mehr Durchsetzungskraft zu entwickeln, besteht der Urlaub vom Hochstatus darin, sich gelegentlich einmal nicht durchzusetzen und stattdessen anderen zu vertrauen.

Zusammenfassung

1. Menschen nehmen in unterschiedlichen Situationen ver-
   schiedene Status-Positionen ein.
2. Menschen entscheiden nach zwei grundsätzlichen Kriterien,
   welche Status-Position sie wählen: Wunsch nach Nähe oder
   Wunsch nach Distanz.
3. Das Motiv für den tiefen Status ist der Wunsch nach Nähe.
4. Das Motiv für den hohen Status ist der Wunsch nach Distanz.
5. Beide Entscheidungen können von jedem Menschen – je
   nach Situation – getroffen werden.
6. Jeder Mensch kennt und beherrscht grundsätzlich jeden der
   vier Status-Typen, bevorzugt aber einen einzigen.

Status-Situationen – meist kommt es überraschend ...

Status-Situationen zu erkennen und zu beurteilen ist eine Kunst, die sich gut üben lässt. Man schärft den Blick und verfeinert das Gespür für Zusammenhänge, denen man im Alltag immer wieder begegnet. Der optimale Standpunkt dazu ist der Beobachterposten. Von dort schaut man mit einem gewissen Abstand zu und ist nicht unmittelbar betroffen, muss also nicht teilnehmen und damit auch nicht sofort in seine automatische Status-Position gehen.

Grußspiel
Wenn Menschen einander begegnen, ist es von großer Bedeutung, wie sie in den ersten Momenten aufeinander reagieren. Sehen sie weg? Oder sieht einer hin und der andere weg? Was spielt sich im Gesicht der Person ab, die darauf wartet, grüßen zu können, es aber nicht kann, weil die andere Person nicht guckt? Wie fühlt sich das an, und was macht es mit dem Status? Hat der Grußwillige den tieferen Status und der andere den höheren, weil er sein Gegenüber ignoriert?

Ja – so ist es.

Der hohe Status entsteht durch – und bewirkt – Distanz.

Eine wettkämpferische Variante im Grußspiel ist das späte Grüßen, eine Art Duell, und auch hier gilt: Wer zuerst grüßt, hat verloren.

Wirklich peinlich kann das Spiel beim Handgeben werden. Der eine hält seine Hand zum Gruß hin, der andere ergreift sie nicht. Der eine steht mit leeren Händen da, und der andere lässt ihn so stehen. Wenn Sie es selbst ausprobieren, werden Sie erleben, wie ohnmächtig bzw. mächtig sich die jeweiligen Positionen anfühlen.

Auch beim Händeschütteln werden Status-Positionen festgelegt. Hat Ihnen schon mal jemand die Hand zerquetscht, weil er so schnell zufasst und zudrückt, dass Sie keine Chance haben? Wird gerne von statushohen Männern verwendet. Sitzt man in dieser Falle, fühlt man häufig Hilflosigkeit, teilweise sogar Herabsetzung. Ein Gegenmittel wäre, dieser Person mit der freien Hand an den Oberarm zu fassen, dort ein bisschen zuzudrücken und dann zu sagen: »Na, mein Lieber, wie geht's?« Dann wäre der erpresste hohe Status gleich wieder weg. Oder man sagt: »Ist Ihnen bewusst, dass es schmerzlich ist, Ihnen die Hand zu geben?« Auch das wirkt statussenkend für die Gegenseite.

Die Beobachtung der vielfältigen Varianten des Grußspiels erfordert das schnelle Erfassen und Erkennen der unterschiedlichen Status-Typen. Sie werden schon bald sehr gut verstehen, ob der Mensch, den Sie begrüßen oder von dem Sie begrüßt werden, Ihre Sympathie oder Ihren Respekt will.

Welche Rolle spielt die Höflichkeit, insbesondere zwischen Mann und Frau? Überdeckt die Konvention möglicherweise das Status-Gerangel?

In der Tat gehört es zu den wichtigen Aufgaben der Konvention, Status-Unterschiede außer Kraft zu setzen bzw. sie zu egalisieren. Eine Frau kann damit ganz gut spielen, sich zum Beispiel von einem deutlich statushöheren Mann grüßen lassen und dann nur knapp zurücknicken oder – noch undurchsichtiger – fragend schauen. Undurchsichtigkeit schafft Distanz, also Respekt. Dann kommt es darauf an, ob dieser Mann die Souveränität besitzt, auf sein Status-Spiel zu verzichten, und sich stattdessen einfach höflich zeigt. Wir nennen das auch zuvorkommend, galant oder gut erzogen. Es ist eine Kulturleistung, die hier vollbracht wird, eine westliche sogar, die längst nicht von allen anderen Zivilisationen der Erde geteilt wird. Milliarden Menschen leben nach Sitten und Gebräuchen, in denen Frauen grundsätzlich ein tieferer Status zukommt als Männern. Die Männer werden dort nie müde, eine Vielzahl von Gesten zu praktizieren, um diesen Unterschied immer und immer wieder zu untermauern. Vom Standpunkt westlicher Konventionen und Manieren empfinden wir das als rückständig – höflich ausgedrückt. In manchen Kulturkreisen kann allerdings das gesamte gesellschaftliche Gefüge von der Einhaltung solcher Status-Dokumentationen abhängen, und eine generelle Störung hätte weit reichende, vielleicht sogar revolutionäre Konsequenzen. Die essenzielle Bedeutung von Status lässt sich somit bereits an einem so alltäglichen Ritual wie der Begrüßung deutlich ablesen.

Ausweichspiel

Zwei Personen streben auf die gleiche Tür zu und erreichen sie fast gleichzeitig. Wer lässt wem den Vortritt, weicht also aus? Die Entscheidung fällt in den Sekunden vor und in der Sekunde während des Zusammentreffens. Beide Personen beginnen, sobald sie vermuten müssen, dass sie das gleiche Ziel haben, mit dem Aussenden und der Registrierung von Signalen: Wer ist die andere Person? Ist sie ranghöher? Wie ist sie gekleidet? Wie bewegt sie sich? Sicher oder unsicher, zielstrebig oder unentschlossen? Schnell oder langsam? Ist sie eher an der Tür? Muss ich selbst schneller werden, um vorher dort zu sein? Soll ich ausweichen? Verlangsamen? Ist die andere Person mir bekannt oder unbekannt? Sympathisch oder unsympathisch? Will ich mit ihr reden oder ein Gespräch vermeiden? All diese Faktoren, und noch einige mehr, bestimmen das Verhalten im Moment des Zusammentreffens. Das ist der Augenblick, in dem der präferierte Status die Regie übernimmt und alles weitere bestimmt. Der Autopilot unseres Status-Verhaltens ist aktiviert.

Betrachten wir eine weitere Situation: Zwei Personen stehen sich ganz unverhofft gegenüber, am Ausgang oder Eingang eines Gebäudes, Einkaufswagen schiebend in einem Supermarkt oder kofferschleppend im engen Gang eines Zuges.

Wer weicht wem aus? Neben den bereits beschriebenen Faktoren spielt auch das Verhalten im letzten Augenblick eine bestimmende Rolle. Wer zuerst guckt, geht in den tieferen Status, genau wie derjenige, der sich zuerst bewegt. Gut zu beobachten ist das beim Aussteigen am Ende einer Flugreise. Will man möglichst früh raus aus seinem Sitz und einen Platz im Gang erobern, lauert man auf die erste kleine Lücke, blickt dabei niemanden an und bewegt sich unverhofft und schnell. Die anderen, die im Gang bereits nachrücken, weichen gewöhnlich aus, während man selbst in die Bresche springt. Versucht man hingegen Augenkontakt aufzunehmen, ist man darauf angewiesen, dass jemand darauf reagiert. Statushohe Menschen werden das zu vermeiden wissen. Sie werden einen weder ansehen noch freiwillig vorlassen und schon gar nicht freundlich lächelnd.

Im Ausweichspiel gibt es drei große Ausnahmen:
1. Mancher Zeitgenosse guckt einfach deshalb nicht, weil er in Gedanken ist oder nichts merkt, schusselig ist oder ein Banause.
2. Attraktive Menschen haben einen Ausweichbonus. Ihnen lässt man gerne den Vortritt, weicht ihnen höflich aus, hält ihnen die Türe auf, nicht selten verbunden mit einem leichten Kopfnicken oder gewisperten Gruß. In der Regel aber treffen wir auf Menschen, die uns durch ihre körperliche oder mentale Ausstrahlung nicht so sehr verwirren, dass wir automatisch im Status heruntergehen, sondern wir spielen um unsere Position und gewinnen oder verlieren, je nach Tagesform, Zufall oder Geschicklichkeit, vor allem aber aufgrund des Status, den wir bevorzugen. Der hat uns gewöhnlich fest im Griff, und wir sind noch zu sehr in den Anfängen, um uns davon ein Stück weit freimachen zu können.
3. Beim Autofahren funktionieren die Regeln des Ausweichspiels generell nicht – und nicht nur die. Beim Autofahren

funktionieren die meisten Status-Spiele, wie sie im Kontext dieses Buches verstanden werden, nicht, weil dort Status durch andere Faktoren festgelegt wird als durch Persönlichkeit. Wir wollen dieses Phänomen hier nur kurz erwähnen, darauf aber nicht weiter eingehen; es wäre ein anderes Buch mit anderem Fokus.

Busfahrerspiel

Ein Mensch läuft zu einer Haltestelle, wo der Bus bereits steht. Die letzten Fahrgäste steigen ein. Der Mensch, den wir beobachten, ist noch 50 Meter vom Bus entfernt, dann noch 40, noch 30. Er macht sich durch Winkzeichen bemerkbar: Der Busfahrer möge warten. Jetzt sind es noch 20 Meter bis zu Einstieg, noch 10, noch 5, noch 3. Die Tür wird geschlossen, der Bus setzt sich in Bewegung. Der Mensch erreicht die Tür des langsam anfahrenden Busses, klopft dagegen. Der Busfahrer sieht nicht hin, sondern fährt weg. Der Mensch bleibt an der leeren Haltestelle zurück. Der Mensch fühlt sich schlecht.

Der Busfahrer fühlt sich nicht schlecht. Der Mensch hätte pünktlicher sein sollen. Dann hätte er ihn selbstverständlich einsteigen lassen. Wäre ja seine Pflicht gewesen. Jetzt aber ist das anders. Es gab einen Ermessensspielraum. Der Busfahrer hätte ihn mitnehmen können – hätte – musste aber nicht. Sein Status war aufgrund seiner Funktion höher. Der sich abhetzende Mensch war auf ihn angewiesen. Sein Pech.

Tiefer Status bei anderen reizt manchen Zeitgenossen, sich selbst zu erhöhen. So etwas kostet nachhaltig Sympathie, wie dieses Beispiel eindrücklich zeigt. Fast jeder hat das selbst schon einmal erlebt oder mit angesehen. Kaum jemand kann bei diesem Beispiel auf die Idee kommen, man tue dem Berufsstand der Busfahrer Unrecht. Nein. Busfahrer tun so etwas, und mancher Zeitgenosse steht ein wenig ratlos vor dieser Tatsache und fragt sich, ob das kurzlebige Gefühl des kurzfristigen Busfahrertriumphes nicht zu teuer erkauft ist.

Kellnerspiel

Sie sitzen in einem Restaurant oder Café und versuchen, einen Kellner auf sich aufmerksam zu machen. Der Kellner guckt nicht. Sie versuchen es erneut, und ihre Aufmerksamkeit ist durch diese Aktion weitgehend gebunden, denn sie beobachten den Kellner bei seiner Tätigkeit, um eine günstige Gelegenheit abzupassen. Guckt er oder guckt er nicht? Wenn er nicht guckt, liegt es ganz sicher daran, dass er sehr viel zu tun hat und intensiv mit anderen Gästen beschäftigt ist. Vielleicht ist das tatsächlich so. Doch er ist Kellner. Er sollte regelmäßig, im Abstand weniger Minuten, nach allen Gästen sehen, für die er zuständig ist. Wenn er das in Ihrem Fall nicht tut, kann es sein, dass Sie »bewusst« nicht bedient werden. So wie jetzt, in diesem Beispiel eines Kellners, den wir als arrogant charakterisieren.

Arroganz bedeutet, dass jemand außen hoch spielt, innen aber tief empfindet. Der Grund liegt zum einen an der Art der Tätigkeit: Kellner dienen. Zum anderen am Umstand, dass sie gelegentlich schlecht behandelt werden. Das kann mitunter die Laune verderben, und man trägt es dann eine Zeitlang mit sich herum. Der Kellner befindet sich in der Status-Hierarchie an unterster Stelle und hat keine Möglichkeit, seinen Status zu erhöhen. Er muss da unten bleiben, und wenn ein Gast ihn diesen Status deutlich spüren lässt, ist das sicher ziemlich unangenehm.

Was tut der Gast, der nicht bedient wird? Ein Tiefstatusmensch wartet, bis der Kellner guckt. Ein Hochstatusmensch sorgt dafür, dass der Kellner guckt. Er produziert dazu ein Bündel von Signalen, das eine Ausstrahlung erzeugt, auf die der Kellner reagieren muss. Das ganze Spiel läuft unbewusst ab und verfehlt seine Wirkung nicht.

Schätzt der Kellner Sie als Tiefstatusmenschen ein, wagt er das Spiel, Sie nicht zu bedienen. Warum schätzt er Sie so ein? Welche Signale senden Sie, aus denen er schließt, dass er sich das Spiel leisten kann?

Unser erster Blick gilt der Art des Restaurants oder Cafés. Passen Sie zur Klientel, oder heben Sie sich ab? Sind Sie vornehmer als die andern oder ist die Klientel vornehmer als Sie? Befinden Sie sich in einer Szene-Kneipe und passen da nicht richtig hinein? Faktoren wie diese können ein Indiz für ein Status-Spiel sein. Der Kellner könnte sie ignorieren, weil sie nicht dazugehören, keiner aus dem eigenen Stall sind. Passen Sie durch Kleidung, Aussehen, Verhalten nicht zu den anderen Gästen, befinden Sie sich automatisch in einem tiefen Status, selbst dann, wenn sie lauter Hochstatus-Signale senden, Hochstatus per se in diesem Lokal aber nicht angesagt ist. Also werden Sie erst einmal nicht bedient.

Dahinter muss keine böse Absicht stecken. Das Status-Spiel könnte unbewusst ablaufen, weil die meisten Status-Spiele ja ohne konkreten, bewussten Plan stattfinden.

Ganz ähnlich kann eine Situation am Tresen einer Bar verlaufen. Sie möchten etwas bestellen, doch Sie werden nicht wahrgenommen. Warten Sie, bis Sie gesehen werden, oder machen Sie sich bemerkbar? Beginnen Sie ein Gespräch mit einer anderen Person, die ebenfalls etwas bestellen will, und hängen sich dann an deren Bestellung dran? Oder beklagen Sie sich? Oder fangen Sie Streit an mit jemandem, der sich vordrängelt?

In den meisten Fällen beschleicht Sie ein unangenehmes Gefühl, wenn Sie da stehen und nicht bedient werden. Als hätte man sich gegen Sie verschworen. Es ist interessant zu beobachten, wie man in den tiefen Status rutscht und wie hilflos man sich dabei fühlen kann.

Luxusgeschäftspiel

Wenn man auf eine Welt trifft, die sich vor allem über Statusheber definiert, bietet das unter Umständen eine spannende Plattform für den einen oder anderen Selbstversuch. Besucht man zum Beispiel Orte der oberen Luxusklasse wie sündhaft teure Designerläden, Autohäuser, in denen Millionäre einkaufen oder Juwelier– und Uhrengeschäfte der Upperclass, kann man bereits am Eingang scheitern. Mancher Juwelier mit weltweitem Renommee postiert die erste Status-Barriere bereits am Eingang seines Geschäfts. Dort wartet ein Empfangskomitee im Outfit von Portiers und der Ausbildung zum Sicherheitspersonal, das die Besucher noch auf der Straße daraufhin taxiert, ob sie überhaupt willkommen sind.

Autohäuser und Designerstores sind nicht so rigide. Sie gewähren zunächst einmal so ziemlich jedem Zutritt. Die Verkäufer und Verkäuferinnen beginnen das Status-Spiel, indem sie unbeteiligt herumzustehen scheinen und mit musternden Blicken prüfen, wer da gerade hereingekommen ist. Kann sein, dass man erst einmal ignoriert wird. Kann auch sein, dass die Angestellten sich sofort um das Wohlergehen der neuen Kundschaft bemühen.

Wenn Sie solche Orte in unterschiedlicher Kleidung aufsuchen, von durchschnittlich bis teuer und modebewusst, können Sie die Wirkung von Status-Hebern unmittelbar spüren: Je klarer die Signale in Richtung Hochstatus gehen, desto freundlicher werden Sie willkommen geheißen. Umgekehrt werden Sie intensiver ignoriert. Das fühlt sich nicht sonderlich gut an, ist aber für das Studium der Status-Spiele eine durchaus lohnenswerte, weil lehrreiche Erfahrung.

Einige Varianten:

Sie zeigen sich als versierter Kenner der Materie, der genau weiß, was er will – Status innen hoch –, tragen aber die falsche Kleidung – außen tief. Wenn Sie es schaffen, die innen hohe Position eine Zeitlang beizubehalten, wird Ihnen auch gelingen, die anfängliche Ignoranz und geringe Wertschätzung des Personals zu drehen. Man wird Sie ernst nehmen. Sie werden im Status wachsen.

Der Verlauf ihres Besuches wird sich ziemlich genau umgekehrt entwickeln, wenn Sie die Status-Signale tauschen: Sie erscheinen perfekt gekleidet – außen hoch – und werden sofort zuvorkommend bedient. Im Verlauf des Gesprächs erweisen Sie sich als klar inkompetent und unentschlossen, vielleicht sogar als unsouverän und gereizt – innen tief –, so werden Sie im Status sinken. Man wird Sie nicht hinauswerfen, aber Sie werden deutlich fühlen, wie man versucht, Sie wieder loszuwerden. Hinausgeworfen bzw. unmissverständlich hinauskomplimentiert werden Sie nur, wenn Sie sowohl im äußeren Status – falsche Kleidung – wie auch im inneren Status – unentschlossen und inkompetent – die doppelt tiefe Position einnehmen.

Es gibt allerdings Luxusgeschäfte und -orte, die anders sind: durch und durch professionell, fokussiert auf Höflichkeit, Service, Dienstleistung. In diesen Fällen steckt dahinter garantiert ein lenkender Kopf, der allen Mitarbeitern eine positive Unternehmensphilosophie vermittelt. Alle wissen genau, weshalb sie dort sind und worin ihre Aufgaben bestehen.

 Das sagt der Status-Experte:
Der versierte Status-Spieler verfolgt sein Ziel unbeirrt. Er setzt nicht auf den schnellen Sieg, sondern erringt ihn lieber aus einer Reihe geschickt komponierter, scheinbarer Teilniederlagen.

Politessen- und Beamtenspiel

Im spielerischen Umgang mit Status und seiner Macht kommt Menschen, die beruflich eine erhöhte Position bekleiden, eine besondere Rolle zu. Oft entspricht ein von Amts wegen verliehener nicht dem persönlichen Status dieser Personen, und das führt regelmäßig dazu, dass sie mit ihrem hohen Amtsstatus nicht souverän umzugehen wissen. Die Folgen, die daraus entstehen, sind uns allen nur zu bekannt: Jeder ist genervt, empört, wütend über Amtspersonen, die sich arrogant oder ignorant verhalten. Anmaßende Überheblichkeit bei gleichzeitiger Teilnahmslosigkeit erzeugt auf der Gegenseite – also bei uns – regelmäßig ein Gefühl von Ohnmacht und Hilflosigkeit. Diese Menschen machen uns das Leben schwer, ohne davon zu profitieren; sie haben eigentlich nichts davon, und doch tun sie es. Zu allem Überfluss übernehmen sie keine Verantwortung für ihre Entscheidungen, sondern verstecken sich hinter Paragraphen und Vorschriften.

Der Mechanismus, der hier wirkt, arbeitet so: Der Mensch mit Amt hat den höheren Status, denn er ist berechtigt, andere warten zu lassen, auf absoluter, auch sinnloser Korrektheit zu bestehen, vermeintliche oder tatsächliche Fehler zu ahnden, Formulare nicht jetzt, sondern später zu bearbeiten usw. Genau das tut er auch und ist dabei unschlagbar im Vorteil: Ihre Unterlagen sind nicht vollständig, nun, dann müssen Sie in der nächsten Woche noch einmal wiederkommen. Dann allerdings ist der Mensch vom Amt nicht an seinem Platz, sondern zur Kur. Für sechs Wochen. Nein, eine Vertretung gibt es nicht, nur in Notfällen, aber das hier ist kein Notfall. In sechs Wochen also. Da aber ist die Frist für den Bauantrag verstrichen. Ja, da kann er auch nichts machen, der Mensch vom Amt. Da müssen Sie sich an eine andere Dienststelle wenden, in einem anderen Gebäude. Nein, die zuständige Person kann er Ihnen nicht nennen. Nein, eine Telefonnummer hat er auch nicht. Nein, die Öffnungszeiten dort sind ihm nicht bekannt. Da müssen Sie sich an die Zentrale wenden. Nein, die ist heute nicht besetzt, nur Dienstag und Donnerstag von 8 bis 12 Uhr – und so weiter. Kafkaesk nennt man solche Situationen, weil der Schriftsteller Franz Kafka sie in seinem Roman »Der Prozess« so intensiv und in ihren bitteren Konsequenzen so eindrucksvoll geschildert hat, dass daraus ein beklemmendes Stück Weltliteratur wurde.

Dabei ist es weniger der sture Beamte als vielmehr unsere eigene Verzweiflung, Empörung und Wut, die uns herunterzieht, weil sich da jemand im Status über uns erhebt, obwohl wir ihm diesen Status nicht zugestehen und dennoch nichts machen können. Jedenfalls glauben wir das.

Eine Alternative in diesem Spiel besteht darin, sich darüber klar zu werden, dass jeder Träger eines Amtsstatus ein ganz normaler Mensch mit einem ganz normalen persönlichen Status ist. Gelingt es, ihn auf dieser Ebene zu erreichen, wird er sich mit großer Wahrscheinlichkeit anders verhalten: menschlicher, verbindlicher, freundlicher, hilfsbereiter. Das gelingt nicht immer, aber es ist die einzig reelle Chance, zu ihm als Person durchzudringen.

 Das sagt der Status-Experte:
Wenn Sie Ihr Ziel erreichen wollen, müssen Sie außen tief spielen. Unbedingt. Der andere – die Amtsperson – ist außen hoch. Und will es bleiben. Sie müssen ihm diesen Status auf jeden Fall lassen.

Um das hinzubekommen, benötigt man eine gewisse Souveränität: Man spielt außen zwar tief, ist innen aber hoch und weiß genau, was man will: Der Bauantrag muss fristgerecht eingereicht werden. Das allein zählt. Gelingt es nicht, dieses Ziel über den eigenen Ärger zu setzen, verliert man schnell die Nerven, und dann geht gar nichts mehr.

Innen hoch, außen tief bedeutet: Sie wissen, was Sie wollen, und sind bereit, die Bedingungen der Gegenseite zu erfüllen. Lassen Sie ihr den außen hohen Status. Dann funktioniert ein in seiner Rolle ansonsten schwieriger Amtsmensch ganz gut ...

Zugfahrtspiel
Eine soziale Gemengelage von großer Vielschichtigkeit findet man in den Abteilen der Bundesbahn. Hier kommen Menschen miteinander ins Gespräch, die sich an keinem anderen Ort, zu keiner anderen Gelegenheit miteinander beschäftigen würden. In der Bahn aber tun sie es.

Ein Bahnabteil ist in gewisser Weise ein Status-Gleichmacher; alle sind in der gleichen Richtung unterwegs, alle sind auf die gleiche Weise unterwegs. Unterschiede bestehen nur durch die erste oder zweite Klasse. In der ersten, es ist die statushohe, sind alle am oberen Ende der Status-Skala angekommen. Höher geht es nicht. Somit existiert auch kein Status-Druck. Zudem sind alle vor dem Schaffner gleich. Jeder muss seine Fahrkarte zeigen, wenn er es verlangt. Danach endet seine Amtsmacht auch gleich wieder, und der Passagier der ersten Klasse kann ihn sofort auf den Status eines Dienstleisters herunterstufen: Er bestellt bei ihm einen Kaffee und verwandelt ihn damit in einen Kellner. In der zweiten Klasse wird diese Form des Status-Spiels nicht angeboten. Dort bleibt der Schaffner Amtsperson und kann nicht zum Dienstleister degradiert werden. Man kann es versuchen, wird vermutlich aber scheitern und gleichzeitig seinen Unmut erregen, dann man hat sich selbst einen Status zugebilligt, der nur Reisenden der ersten Klasse zugestanden wird. Der Schaffner wird einen darauf hinweisen.

Der einzige Status-Unterschied, der unter den Passagieren eines Abteils real existiert, ist der Fensterplatz, aber so richtig wichtig ist der auch wieder nicht. Kein wirklich großer Status-Blumentopf ist damit zu gewinnen, außer bei Kindern. Für sie ist der Fensterplatz eindeutig etwas Besonderes und so wichtig, dass sie einiges dafür tun, ihn zu erobern. Ansonsten aber sind im Abteil alle mehr oder weniger egalisiert, und in diesem Status verweilt die Schicksalsgemeinschaft dann auch. Im Sechserabteil deutlich mehr als im Großraumwagen, vor allem, wenn es nicht voll besetzt ist. Dann schiebt man schnell die Tür zu und hofft, dass keine weitere Person hinkommt. Sitzt man einmal mit z. B. zwei Fremden in so einem Abteil, ist jeder weitere, der sich dort niederlassen will, noch fremder als die Fremden, die bereits da sind, denn mit denen ist man schon nach wenigen Augenblicken eine solidarische Gemeinschaft geworden und kommt deshalb auch recht einfach miteinander ins Gespräch. Schnell findet man interessant, wohin die anderen fahren und was sie beruflich machen. Tritt eine Störung im Zugbetrieb auf, eine Verspätung z. B., wächst die Gemeinschaft noch enger zusammen. Jeder hat sein eigenes Klagelied über die Bahn, jeder kennt Geschichten von bemerkenswerter Absurdität oder enervierender Unprofessionalität – typisch Bahn eben. In diesen Gesprächen wird selbstverständlich ständig um Status gerungen, allerdings auf eine harmlose Weise. Kaum jemand versucht in einem Zugabteil den Chef zu spielen. Mit fortschreitender Reisedauer wird man sogar recht vertraut miteinander, bietet einander Kekse, mitunter gar mitgebrachte Stullen an.

Wie kommt diese Auszeit im ansonsten erbittert geführten Status-Kampf zustande? Neben der relativen Gleichheit – alle in einem Abteil, unterwegs in die gleiche Richtung, entspannt sitzend etc. – kommt hinzu, dass man einander sehr nahe ist. Das Abteil ist eng. Es ist gar nicht möglich, Distanz zum zentralen Thema zu machen. Im Übrigen weiß jeder, dass dieser Zustand nur eine gewisse Zeit dauern wird. Das Ende steht von vornherein fest und ist absehbar. Ist die Fahrt vorbei, zerstreut die Gemeinschaft sich schnell, und man sieht sich nie wieder, selbst dann nicht, wenn man zuvor interessiert und ein wenig euphorisiert Visitenkarten ausgetauscht hat.

Sie ist ein schöner Ort für einen entspannten hohen Status, die Bahn. Die erste Klasse deutlich mehr als die zweite. Dort kann es durchaus vorkommen, dass um Positionen gerangelt wird: weil es zu laut ist oder sich jemand zu breit macht oder…

Die relative Status-Harmonie in Zügen funktioniert allerdings nur, solange der Komfort stimmt, der Zug also nicht zu voll ist und Verspätungen keine größeren Unannehmlichkeiten mit sich bringen. In vollen, verspäteten, technisch defekten Zügen kommt es durchaus und immer wieder zu turbulenten Status-Spielen, denn schnell ist der Stress groß und bewirkt, dass jeder sogleich wieder in seine bevorzugte Status-Position geht. Das Gerangel läuft dann erneut, wie überall im Leben, automatisch ab.

Dann lernt man keine interessanten Leute kennen ...

Verlegenheitsspiel

Kennen Sie Situationen, in denen sich jemand übermäßig entschuldigt? Kennen Sie auch Ihre Reaktion darauf? Wissen Sie, weshalb Sie es nicht mögen, wenn jemand das tut?

»Entschuldigen Sie, ist mir peinlich, aber darf ich Sie fragen, wie ich zur Goethestraße finde?«

Was sagen Sie in dieser Situation als Erstes? »Braucht Ihnen nicht peinlich zu sein« oder etwas in dieser Richtung?

Wie reagieren Sie, wenn jemand die Frage so stellt: »Guten Tag, können Sie mir sagen, wie ich zur Goethestraße finde?«

»Selbstverständlich, gerne ...«, oder etwas in dieser Richtung?

Im ersten Fall wird spontan der Versuch der Beruhigung oder Beschwichtigung unternommen, im zweiten hingegen wird freundlich informiert. Im ersten Fall ist die geleistete Hilfe verbunden mit einem leicht gereizten Gefühl, im zweiten Fall mit einem eher leicht beschwingten. Man hilft gerne.

Weshalb ist der erste Fall unangenehm?

Der Fragende tritt uns in einem sehr tiefen Status gegenüber und bittet um Verzeihung, Vergebung, Gnade, obwohl wir ihm gar nichts tun wollten. Sein Verhalten setzt uns dennoch in eine Form von Schuld und seine bedingungslose Unterwerfung erzeugt gleichzeitig Mitgefühl. Hier benötigt jemand nicht nur eine simple Information, sondern massive Hilfe. Das ist der Situation zwar nicht angemessen, aber es wirkt dennoch belastend. Das Ausmaß, in dem wir um Hilfe gebeten werden, erzeugt augenblicklich eine entsprechende Reaktion in uns. Geht es um eine Kleinigkeit, helfen wir wie nebenbei. Signalisieren die Zeichen des Hilfesuchenden hingegen echte Not, sind wir augenblicklich um ein Vielfaches aufmerksamer und stellen uns auf eine größere Aktion ein. Decken sich die Parameter nicht, sind wir kurzfristig verwirrt und empfinden eine Alarmierung. Alarm bedeutet »all arme« – »zu den Waffen«. Wir machen uns also kampfbereit und müssen dann feststellen, dass es lediglich im Gebüsch geraschelt hat. Falscher Alarm. Ärgerlich.

Das Verlegenheitsspiel eignet sich gut, um im Alltag bei unterschiedlichen Gelegenheiten die Gefühlswelt des tiefen Status auszuloten und gleichzeitig zu beobachten, wie andere darauf reagieren. Probieren Sie es nicht unbedingt bei Freunden, denn Sie werden an Achtung verlieren.

Umgekehrter Fall: Man geht im äußeren Status bewusst herunter, wenn man zum Beispiel in einem Gespräch bemerkt, dass das Gegenüber unbedingt um den Status rangeln will. Jemand will beispielsweise dokumentieren, dass er kompetenter ist, und lässt in diesem Vorhaben nicht locker. So versucht er immer wieder, das Gerangel zu erzwingen. Er tut das, um seinen hohen Status zu demonstrieren, und will, dass man ihm Respekt zollt.

Will man nicht mitspielen, hält man einfach nicht dagegen, sondern bestätigt die Meinung des anderen, seine Ansichten, weicht aus, wenn man konkret werden soll, etc. Auf diese Weise geht man im äußeren Status immer weiter nach unten, und gleichzeitig wächst der innere Status beinahe automatisch. Der Gegenspieler wird mit der Zeit wütend, denn sein hoher Status läuft ins Leere. Es gibt nichts zu erobern, nichts zu erkämpfen. Das Status-Spiel ist unnötig, wird aber, weil es ja unwillkürlich abläuft, von der Gegenseite dennoch gespielt. Durchhalten lässt sich diese Variante nur, wenn man selbst dabei innen hoch bleibt und sich nicht aus der Ruhe bzw. von seinem Ziel abbringen lässt.

Abiturtreffenspiel

Zunächst sei gesagt, dass Abiturtreffen sehr schön und interessant sein können. Man begegnet Menschen wieder, die man lange nicht gesehen hat, und man erlebt, dass sie einem auch heute noch sympathisch sind und man sie gerne hat. In den folgenden Beispielen geht es jedoch nicht um diese Erlebnisse, sondern um eine Bühne für Status-Spiele, die von besonderem Reiz sein kann, weil man ehemals vertrauten Mitmenschen ungeniert ein wenig in ihre Status-Seele schauen kann.

Beginnen wir mit den Männern: Mein Haus, mein Auto, meine Yacht – es ist ein Klassiker der Werbung und entstanden auf einem Abiturtreffen des Kreativen, der diesen TV-Spot erdacht hat. »Alle hatten Fotos von ihrem Leben dabei, und ich hatte keine«, erinnert er sich.

Auf Abiturtreffen spielt Status eine enorm wichtige Rolle, denn jeder der Anwesenden fällt zunächst einmal zurück in den Status, den er zu Schulzeiten in der Klassengemeinschaft hatte. Und dann beginnt, Jahrzehnte später, der Wettkampf um einen neuen Status: Wer ist was geworden? Es fängt schon beim Einbiegen auf den Parkplatz vor dem Restaurant oder der Kneipe an, wo das Treffen stattfindet. Welche Autos stehen dort, und welches könnte wem gehören? Parkt man auch hier, oder stellt man sein Auto lieber ein paar Straßen weiter ab?

Nach dem ersten großen Hallo und einem kurzen Anfall fremdelnder Schüchternheit geht es unverzüglich daran herauszufinden, was die Leute heute tun, was aus ihnen geworden ist, wo sie leben, kurz: welchen Status sie in der Zwischenzeit erworben haben. Wer ist Beamter, wer Angestellter, wer Selbständiger? Wer verdient viel Geld, wer hat sein Auskommen, wer hat es nicht geschafft, und wer ist nicht da? Und warum nicht? Der eine lebt in Südamerika, über den anderen war nichts herauszubekommen, nicht mal im Internet.

Abiturtreffen können eine wundervolle Gelegenheit bieten,

etwas darüber herauszufinden, wie man von anderen wahrgenommen wird. Zwischen Selbstbild und Fremdbild liegen ja nicht selten Welten. Und hier, bei diesem Treffen, kommen Menschen zusammen, die man einmal gut gekannt hat und die bis heute ein recht klares Bild von mir in sich tragen, ganz egal, ob es noch stimmt oder längst nicht mehr – es existiert und es könnte aufschlussreich sein, es in Erfahrung zu bringen. Man wird sich wahrscheinlich wundern, wie man damals wahrgenommen wurde und welchen Status man bei dem einen oder anderen hatte. Nicht weniger interessant ist die Frage, wie sich diejenigen verhalten, die damals eine hohe Status-Position innehatten. Sie werden möglicherweise den ganzen Abend versuchen, diesen Status zu verteidigen; nach all den Jahren. Und dann sind da noch die, die damals die tiefen Status-Positionen innehatten. Sind sie dort geblieben? Sind sie möglicherweise erfolgreiche Menschen geworden? Und wenn ja, wie verhalten sie sich jetzt, hier und heute, im Verband ihrer alten Klasse? Nehmen sie ihre alten Positionen wieder ein? Die Kraft alter Hierarchien kann sehr mächtig sein, vor allem dann, wenn statushohe Personen von damals die alten Muster wieder in Gang setzen.

Was machen Frauen beim Abi-Treff? Erzählen sie, was für einen tollen Mann, ein tolles Haus, tolle Klamotten etc. sie haben? Versuchen einige, ihren Status zu erhöhen, indem sie andere Frauen abwerten? Die favorisierte Waffe in solch einem Spiel sind Attacken auf das Erscheinungsbild: Die eine hat aber Falten bekommen, die andere ganz schön zugenommen, diese sieht ziemlich unglücklich aus, jene ist schnell gealtert.

Auch die Kleidung dient als Status-Indiz: »Die trägt zwar Lagerfeld, aber leider nur die H & M-Kollektion. Und die Louis-Vuitton-Tasche ist eine Fälschung. Weißt du, woran man erkennt, dass die Tasche gefälscht ist?«

Wehe, Sie können das nicht erkennen: große Gefahr für Ihren Status! Und die Erzählerin schlägt gleich zwei Fliegen mit einer Klappe: die eine hat eine gefälschte Handtasche und die andere kennt sich in diesen Gefilden nicht aus. Warum wohl …?

Es könnte also vor allem ums Aussehen gehen, als Indikator für Erfolg, der dann vielleicht so klingt: »Wir waren übrigens letztes Wochenende auf Sylt …«

Thema teure Inseln und High Society: Kennen Sie Situationen, in denen Menschen erzählen, dass sie ein Haus auf Sylt, eine Yacht in Cannes, reiche, berühmte Freunde in Monaco haben, wo sie regelmäßig sind und so weiter? Nennen wir dieses Phänomen das Ibiza-Syndrom: Man hält uns ungebeten einen virtuellen VIP-Pass unter die Nase, den wir nicht sehen wollen, der uns nicht interessiert, der uns vielleicht sogar peinlich ist. Und nichts davon scheint die andere Seite zu bemerken.

Was treibt manche Zeitgenossen, uns aufdringlich über ihren vermeindlich hohen Status zu informieren? Weshalb müssen sie uns mitteilen, dass sie Zutritt zum Dunstkreis der Macht haben? Die Botschaft lautet: Ich gehöre dazu. Man kann mir nichts tun. Ob das wirklich so ist, sei dahingestellt. Der hohe Status ist in solchen Fällen ja verliehen, also Status-Heber, und nicht erworben, also kein Persönlichkeitsmerkmal.

So ein Pakt mit der Macht – die Zugehörigkeit zum inneren Zirkel, zum Zentrum von Herrschaft – ist auch im Beruf von hoher Relevanz. Davon später mehr.

Vordrängelspiel

Mein persönlicher Liebling im Vordrängelspiel sind die älteren Herrn oder Damen, die in der Post, am Fahrkartenschalter, beim Bäcker etc. einen leicht desolaten Blick aufsetzen und sich nicht am Ende der Schlange anstellen, sondern daran vorbeigehen, ein wenig orientierungslos umherblicken und sich dann an den gerade frei werdenden Schalterbeamten oder die Verkäuferin wenden, um ihr Anliegen vorzutragen. Die meisten Menschen in der Schlange sind dann zwar mürrisch oder empört, doch kaum jemand ist in der Lage, das offen zum Ausdruck zu bringen. Meist ist man dankbar, wenn eine resolute Person einschreitet und die Regeln kurz erklärt: »Sie müssen sich da hinten anstellen.« Der Vordrängler trollt sich dann, gibt sein Vorhaben auf und stellt sich tatsächlich brav in die Schlange. Es kann aber auch sein, dass er weiter auf desolat bzw. ignorant macht und so tut, als sei er nicht gemeint.

Ich finde diese Nummer bemerkenswert, weil hier offensichtlich ein Tiefstatusverhalten – hilflose Ahnungslosigkeit – dazu führt, dass alle anderen in ihrem Status herabgesetzt werden: Tiefspielend die anderen tiefer spielen. Ein toller Bühnentrick, eine schauspielerische Hochleistung, ein Kunststück, denn es entsteht weder Respekt noch Sympathie.

Noch virtuoser spielt der Zeitgenosse, der die Szene mit großer Geste angeht: »Entschuldigen Sie bitte. Ja, ich weiß, dass ich noch nicht dran bin, ich habe nur eine ganz kurze Frage.« Dieser Mensch kann sich der Antipathie aller Wartenden sicher sein. Er weiß das auch genau, doch es scheint ihn offensichtlich nicht abzuhalten, obwohl Antipathie die stärkste Waffe der Gemeinschaft ist, um ihre Mitglieder in Schach zu halten und jeden Einzelnen dazu zu bringen, sich an die vereinbarten Regeln zu halten. Antipathie beinhaltet die Drohung, aus der Gemeinschaft ausgeschlossen zu werden. Für Gemeinschaften in früheren Zeiten war das die höchste Strafe, die sie verhängen konnten. Wer aus der Gruppe ausgeschlossen wurde, geriet ins Elend; ein Wort, dessen Herkunft in der Bedeutung »eli lendi – in einem fremden Land« wurzelt. Wer verstoßen wurde, musste das Territorium der Gruppe verlassen und sich ein neues suchen. Gute Territorien aber waren immer knapp, weil dort stets schon eine andere Gruppe herrschte. Man war also nirgends willkommen und das Überleben dadurch aufs höchste gefährdet. Es war also von allergrößter Wichtigkeit, den Zorn der Gruppe nicht zu sehr auf sich zu ziehen.

Dieser Mechanismus wirkt bis heute in uns; in den meisten jedenfalls. Die Vordrängler scheinen einen Weg gefunden zu haben, ihn abzuschalten. Vielleicht aber handelt es sich auch eher um einen sozialen Defekt? In jedem Fall ist es eine Variante, die einer gewissen Befremdlichkeit nicht entbehrt. Was steckt dahinter?

Das Motiv der Vordrängelei könnte darin bestehen, dass er seine niedrige Status-Position nicht aushält. Alle in der Schlange sind auf die gleiche Weise degradiert. Einer, der hinzukommt und sich hinten anstellen muss, ist es sogar noch ein bisschen mehr. Mit jeder Position, die man weiter vorrückt, steigt der Status: Man wird mächtiger. Deshalb sind die vorne in der Schlange auch deutlich verärgerter über den Vordrängler als die hinten. Und dennoch ist es schwer, ihn zurechtzuweisen: »Hallo! Ich war vor Ihnen dran!«, geht kaum jemandem leicht und souverän über die Lippen. Vielleicht deshalb, weil der Vordrängler viel schneller als alle anderen in der Hierarchie aufsteigt; er geht schließlich einfach an der Schlange vorbei. Eine enorme Status-Beschleunigung. Irgendwoher muss er dazu die Erlaubnis haben. Sehr wahrscheinlich hat er sie sich selbst gegeben und nimmt selbstherrlich den Hochstatus ein. Das ist eine komplizierte und schwierige innere Leistung, denn man muss – siehe oben – die ganz sicher erfolgende soziale Ächtung der anderen aushalten.

Erfolgreich ist dieses Verhalten nur, wenn man seine Rolle gekonnt spielt, innerlich also hoch ist und es auch bleibt. Anderenfalls steht der Vordrängler ganz schnell wieder am Ende der Schlange, denn der soziale Druck ist enorm. Probieren Sie es aus. Sie brauchen viel Selbstvertrauen, um dieses Spiel zu Ende zu spielen, und Sie werden zusätzlich einiges darüber herausfinden, was Status mit Ihnen macht. Sich nach oben kämpfen und oben bleiben fühlt sich ganz anders an, als sich nach oben kämpfen und schnell wieder heruntergeholt zu werden.

Wichtigtuerspiel

Es könnte ein spannender, aufregender und vor allem lehrreicher Tag werden, an dem Sie sich dem Wichtigtuerspiel widmen. Die Regel ist einfach: Sie sind nie zufrieden. Im Hotel möchten Sie ein anderes Zimmer, ganz gleich, ob es Ihnen in Wirklichkeit gefällt oder nicht. Es ist zu hell, zu dunkel, zu klein, zu groß, zu laut, zu leise – was auch immer. Hauptsache, Sie haben etwas zu bemängeln. Im Taxi ist der Weg, den der Fahrer nimmt, nicht der Richtige. Im Flugzeug möchten Sie beim Einchecken einen anderen Platz, beim Metzger eine andere Wurst, im Restaurant ein Gericht, das nicht auf der Karte steht. Den Wein lassen Sie zurückgehen, weil er Korken hat, auch wenn das nicht stimmt. Setzen Sie sich durch. Sie sind wichtig. Man wird versuchen, Sie zu beruhigen, es Ihnen recht zu machen, doch das lassen Sie nicht zu. Sie erfinden immer neue Gründe, neue Bedingungen, neue Anforderungen. Sie entdecken immer neue Mängel, Unzulänglichkeiten, Makel. Auch das neue Hotelzimmer ist nicht gut. Die Speise, die nicht auf der Karte stand und die die Küche für Sie dennoch möglich gemacht hat, ist nicht pikant genug. Der neue Wein hat zwar keinen Korken aber er ist noch nicht so weit, er hat noch nicht genug geatmet, muss dekantiert werden. Bei dieser Gelegenheit können Sie den Kellner gleich fragen, ob Sie einen anderen Tisch haben können, weil es dort, wo Sie gerade sitzen, ein wenig zieht. Sie sind sehr empfindlich und müssen morgen einen wichtigen Vortrag halten etc. etc.

Menschen, die sich wichtig machen, werden zwar nicht gemocht, aber ihren Wünschen wird entsprochen. Das Servicepersonal ballt die Faust in der Tasche und erfüllt leise fluchend die überzogenen Forderungen und Wünsche. Man muss es schon sehr weit treiben, bevor der Geschäftsführer erscheint und einen bittet zu gehen.

Es könnte ein Tag werden, der Ihrem Ego guttut. Vor allem dann, wenn Sie im Grunde Ihres Herzens eher auf die andere

Seite gehören. Sie werden vielleicht aber auch Mühe haben, das Spiel weit zu treiben, weil Sie die Gefühle all derer gut verstehen, die Sie mit Ihrer Wichtigtuerei gerade quälen. Sie werden am Ende dieses Tages auf jeden Fall viel wissen über echte Wichtigtuer. Denen ist die Frustration, die sie unablässig erzeugen, nämlich gleichgültig; eine nicht unerhebliche Erfahrung zum Verständnis unserer Mitmenschen. Auf jeden Fall sind Sie um einiges besser gewappnet, wenn Sie das nächste Mal in den Einflussbereich eines Wichtigtuers geraten.

Zusammenfassung

1. Mit dem Status kann man spielen.
2. Der Status, den man aktuell innehat, kann verlassen, geändert, gewechselt werden.
3. Grundsätzlich ist jeder Mensch in der Lage, alle vier Positionen des Status-Modells auszuprobieren.
4. Dem bewussten Status-Spiel sollte die eingehende Beobachtung von Status-Situationen vorausgehen.
5. Das bewusste Status-Spiel kann im Alltag überall ausprobiert werden.
6. Jeder Status-Spieler sollte für seine Status-Spiele Situationen aussuchen, die er interessant, spannend, lehrreich findet.

Regisseur des eigenen Lebens – die Erweiterung des eigenen Handlungskonzepts

Nach intensiver Beobachtung mit eingestreuten Ausflügen zu Selbstversuchen sollen nun weiterreichende bzw. komplexere Trainingseinheiten folgen. Sie können helfen, Aktionen und Reaktionen unserer Mitmenschen in Bezug auf Status-Spiele besser und klarer einschätzen zu lernen. Üben Sie vielleicht zunächst vor einem Spiegel oder in einer gespielten Situation mit einer Person Ihres Vertrauens und stets mit dem Schwerpunkt auf Verhaltensweisen, die Sie beobachtet haben und die Sie interessant finden. Achten Sie darauf, wie Sie sich fühlen und was der Bauch Ihnen sagt:

> Sie möchten ein Kleidungsstück in einem Modegeschäft reklamieren, weil ein Reißverschluss klemmt.
>
> Ein Polizist stoppt Sie, weil Sie zu schnell gefahren sind. Sie versuchen ihn dazu zu bringen, Ihnen keinen Strafzettel zu verpassen.
>
> Jemand parkt sein Auto vor Ihrer Einfahrt.
>
> Sie sind die Dame im Café.
>
> Oder benutzen Sie eine Situation, die Sie vor kurzem erlebt haben und die Ihnen noch lebhaft in Erinnerung ist.

Das Training entfaltet seine Wirkung besonders gut, wenn Sie die einzelnen Situationen für alle vier Status-Typen durchspielen. Es wird Ihre Kreativität anspornen, Sie werden Spaß an der Sache entwickeln, und Sie werden spüren, wie das Verlassen Ihrer bevorzugten Status-Position Ihnen mit der Zeit leichter fällt und an Schrecken verliert. Es ist nämlich vor allem die Beklemmung, die uns davon abhält, Alternativen zu unseren normalen Reaktionsmustern auszuprobieren. Wir erleben dann Gefühle, die uns nicht vertraut sind, die uns unsicher, vielleicht sogar Angst machen. Solches Unbehagen ist allerdings nicht wirklich von Bedeutung. Es ist lediglich ungewohnt, und wir empfinden es, weil wir uns auf neues Terrain begeben. Dieser Gang ist am Anfang immer schwierig, wird aber mit jedem Schritt leichter.

Ein Gedanke, der dabei hilfreich sein kann, ist die bereits erwähnte Idee der Bühne: Jede Situation, in der wir uns befinden, ist eine Szene, und wir sind darin die handelnde Hauptperson, der Held bzw. die Heldin. Die Gewissheit, dass in jedem Fall ein Status-Spiel stattfinden wird, ob bewusst oder unbewusst, gibt uns die Möglichkeit, gestaltend einzugreifen. Die Gestaltung besteht darin, Regie zu führen und die Szene nach eigenem Willen zu beeinflussen. Der Alltag bietet dazu die besten Gelegenheiten, denn erstens befinden wir uns auf die eine oder andere Weise ständig in Status-Situationen, und zweitens begegnen wir gerade im Alltag häufig Menschen, mit denen wir rein zufällig und nur vorübergehend zusammentreffen. Wir sind von ihnen nicht abhängig, schulden ihnen nichts, sind nicht auf sie angewiesen und können daher gefahrlos und ungeniert den einen oder anderen Eingriff ins Status-Gerangel wagen. Man sieht sich ja nicht unbedingt wieder, und da macht es dann auch nichts, wenn es mal nicht so läuft, wie wir es gerne hätten, oder wenn wir uns ein wenig ungeschickt anstellen, weil wir noch nicht so in Übung sind.

Szene:

Ein Parkplatz vor einem Einkaufszentrum. Eine Frau fährt in eine Parklücke, stellt den Motor ab und öffnet die Tür. Ein Mann – mittleres Alter, beleibt – herrscht sie durch das heruntergekurbelte Seitenfenster seines Autos an: »Wenn Sie das nochmal machen, zeige ich sie an.«

Die Frau ist perplex. Weiß nichts zu sagen. Weiß nicht einmal, um was es geht. Schaut unsicher.

»Das ist mein Parkplatz. Ich hatte längst den Blinker gesetzt«, schimpft der Mann.

Die Frau weiß jetzt zwar, um was es geht, ist aber vom unfreundlichen Überfall immer noch wie gelähmt und weiß nicht, was sie antworten soll. Stattdessen mault der Mann weiter: »Typisch Frau – blind und blöd.«

Die Frau reagiert noch immer nicht. Innerlich ist sie empört, äußerlich aber scheint sie in eine Art Schockstarre verfallen zu sein. Die Szene ist ihr besonders peinlich, weil ihr 14-jähriger Sohn alles mitbekommt. Erst als der Mann sich ausgetobt hat und weitergefahren ist, löst sich ihre Beklemmung; langsam nur, denn noch Stunden später spürt sie ein leichtes Zittern, wenn sie an die Situation zurückdenkt. Die erlittene Demütigung hockt ihr im Gemüt. Mehrfach spielt sie in den folgenden Tagen im Geiste durch, wie sie hätte reagieren sollen. Immer bessere, treffendere Sprüche fallen ihr ein. Schließlich ist ihr klar, wie sie diesem Kerl das nächste Mal entschlossen und selbstbewusst entgegentreten und ihm die Meinung sagen wird. Es wird ihm noch leidtun. Er soll sich vorsehen…

Leider jedoch wird sich genau diese Szene in ihrem Leben nicht wiederholen, und all die im Nachhinein erdachten souveränen Reaktionen werden nicht stattfinden können. So ist das immer. Nachher sind wir klüger, in der konkreten Situation aber reagieren wir automatisch: Haben wir unseren bevorzugten, automatischen Status erst einmal eingenommen, finden wir nicht so ohne weiteres, meist sogar überhaupt nicht, wieder heraus.

Die Frau bringt dem Mann auf dem Parkplatz eindeutig einen großen Wunsch nach Distanz entgegen. Folglich muss sie, um ihn loszuwerden, in den hohen Status gehen. Das ist aber, wie ihre Reaktion zeigt, nicht ihre natürliche Reaktion. Sie vermeidet den Konflikt lieber, als dem Mann klarzumachen, dass er zu weit geht, so nicht mir ihr sprechen darf, sich in seinem Ton vergriffen hat, kein Recht hat, ihr auf diese Weise zu nahe zu treten usw. Damit ihr das gelingen kann, muss sie den hohen Status üben.

Die Kunst besteht darin, vom automatisch eingenommenen tiefen Status hinüberwechseln zu können in einen Status, der in der aktuellen Situation vorteilhafter oder angemessen wäre. Im geschilderten Fall ist das der doppelte Hochstatus: *Ich weiß, was ich will, und du wirst tun, was ich will.*

Mit einer inneren Haltung wie dieser hätte sie gute Chancen, den unverschämten Kerl schnell in seine Schranken zu weisen. Am Ende würde er sich trollen, und sie hätte nicht tagelang an den Demütigungen, die er ihr zugefügt hat, zu knabbern. Es wäre erst gar nicht dazu gekommen. Sie hätte sich sofort davor zu schützen gewusst, denn der Schutz unserer eigenen Seele ist von großer Bedeutung, wenn wir im Alltag in Situationen geraten, die uns nicht guttun. Da ist es durchaus erlaubt, energisch zu werden, wenn die Situation es erfordert.

Betrachten wir ein paar Optionen, die sich der Frau eröffnen, wenn sie in den doppelten Hochstatus hinüberwechselt. In anderen Situationen ihres Alltags kann sie das ja vermutlich problemlos. Ihrem Sohn gegenüber hat sie schon viele Male eine Hoch-hoch-Position eingenommen. Sie ist sogar ein ganz selbstverständlicher Bestandteil ihrer Erziehung, wenn sie ihn z. B. etwas lehren, ihn lenken oder ihm etwas verbieten muss. Sie ist also durchaus in der Lage, einen Status-Wechsel vorzunehmen, und zwar immer dann, wenn es ihre Rolle erfordert. Die Rolle der erziehenden Mutter ist für sie selbstverständlich, deshalb verursacht der Wechsel ihr dort keine Probleme.

Diese Tatsache ist von großer Bedeutung: Der natürliche Status-Wechsel gehört ganz selbstverständlich zu unserem Verhaltensrepertoire. Wir müssen ihn nicht als etwas völlig

Neues und Fremdes mühsam erlernen, sondern lediglich dieses längst vorhandene Können auf andere Situationen übertragen:

Mann: »Das ist mein Parkplatz. Ich hatte längst den Blinker gesetzt.«

Frau: »Das Leben ist ungerecht, ich weiß. Nächstes Mal haben Sie vielleicht mehr Glück.«

Oder:

»Pech gehabt.«

Oder:

»Tja, das Leben ist kein Ponyhof, nicht wahr?«

Oder – wenn sie ihn provozieren will:

»Passen Sie gerne auf mein Auto auf, ich bin in einer halben Stunde wieder zurück.«

Sollte er dann weiterpöbeln, könnte sie sich überrascht zeigen und sagen:

»Ach. Sie sind gar nicht der Parkplatzwächter? Ich dachte. Sie sehen so aus.«

Dann lässt sie ihn stehen.

Mit jeder dieser Varianten dreht sie den Spieß blitzschnell um. Der unverschämte Kerl wird von seiner eigenen Attacke – typisch Frau; ich zeige Sie an; blind und blöd etc. – abgelenkt und muss sich stattdessen mit dem Inhalt ihres Gegenangriffs beschäftigen. Etwa so:

»Was soll das denn heißen?«

Oder:

»Unverschämtheit!«

Oder:

»Jetzt reicht's aber ...«

Mit ihrem Gegenangriff verschafft sie sich Luft, Zeit und Handlungsspielraum. Sie kann ihre Taktik souverän ausbauen oder den feinen Herrn einfach stehenlassen.

Eine bösere Variante wäre, ihren Sohn zu fragen, ob er den Herrn etwas gefragt habe. Der Sohn wird verneinen. Dann sagt sie: »Merkwürdig, ich hatte ihn auch nichts gefragt. Wieso redet er dann? Bist du sicher, dass du ihn nichts gefragt hast?«

»Ja«, wird der Sohn antworten. Diesen Dialog fortführend, verlassen beide den Ort der Handlung und bewegen sich in Richtung Einkaufszentrum. Es wäre wie in einer Filmszene.

Bei der Betrachtung möglicher Alternativen ist ein Punkt von besonderer Bedeutung: Ganz gleich, wie eine Hochstatus-Reaktion im Detail aussieht, ihren Kern bildet stets die innere Haltung.

> Die erste Frage lautet: Wer hat hier eigentlich das Problem?
> Die Antwort: Er!
> Die zweite Frage lautet: Wie gehe ich jetzt damit um?
> Die Antwort: Ich mache es nicht zu meinem Problem, sondern lasse es bei ihm.
> Die dritte Frage lautet: Wie stelle ich das an?
> Die Antwort: Ich inszeniere meine Reaktion, spiele eine Rolle.

Das ist der Punkt, an dem der Status-Wechsel zu einer Regie-Aufgabe wird. Ich setze mich selbst auf eine bestimmte Art in Szene und betrachte den pöbelnden Mann als einen Schauspieler:

> Da tritt jemand auf mich zu und spielt eine Rolle.
> Ich spiele auch eine Rolle.

Diese Rolle bestimme ich selbst.

Nicht der Mann.

Ich führe Regie.

Nicht er.

Der Vorteil dieser Methode besteht darin, dass ich persönlich nicht zu sehr betroffen bin, was die sehr wichtige und angenehme Konsequenz hat, dass ich nicht persönlich getroffen werden kann.

Er spielt eine Rolle, und ich antworte mit einer Rolle.

Meine Rolle hat ein klares Ziel: Ich will ihn loswerden. Ich will ihn zurechtweisen. Ich will ihn nicht beachten – was auch immer.

Wichtig ist allein, ein klares, einfaches Konzept zu entwickeln, auf das ich bei Bedarf jederzeit zurückgreifen kann. Das wird nicht gleich beim ersten Mal perfekt gelingen, aber mit etwas Übung schon sehr bald erheblich zur eigenen Souveränität beitragen. Das Spielen meiner Rolle verschafft mir die Möglichkeit, das Drehbuch, das ein anderer sich ausgedacht hat, in meinem Sinne zu ändern.

 Das sagt der Status-Experte:
Die Basis für den inszenierten Status-Wechsel bildet die innere Haltung: Rolle oder persönliche Betroffenheit.

Zusammenfassung

1. Die Orte, an denen uns Situationen begegnen, in denen wir einen Status-Wechsel vollziehen wollen, sind stets Bühnen.
2. Die Situationen, in denen wir uns befinden, sind Szenen.
3. Unsere Position ist eine Rolle.
4. Die Positionen der Menschen, mit denen wir uns in den Situationen (Szenen) befinden, sind ebenfalls Rollen.
5. Die Rollen, die ich spiele, basieren auf klaren, einfachen Ideen.

Status-Artisten

Es gibt Menschen, die beherrschen das Spiel mit dem Status virtuos.

Wäre die Frau im Caféhaus ein Mitglied im Club der Status-Artisten, würde sie die Situation vielleicht so lösen:

Szene:
Sie kommt zurück zum Tisch und sieht den Mann, der dort Platz genommen hat, und weiß, dass sie wird kämpfen müssen. Ihre Entscheidung fällt sofort: Sie wird kämpfen. So geht sie auf den Mann zu und lächelt ihn an. Dabei ist sie ein klein wenig verlegen – nur ein kleines bisschen.

Sie: »Sie sind schon da. Wie schön.«
Sie reicht ihm die Hand, wieder ein klein wenig schüchtern:
Sie: »Madeleine.«
Der Mann ist irritiert. Steht auf, reicht ihr die Hand.
Er: »Ich fürchte, Sie verwechseln mich.«
Sie: »Das glaube ich nicht. Und es wäre doch auch sehr schade.«
Er: »Helfen Sie mir. Kennen wir uns?«
Sie: »Flüchtig. Sie hatten erwähnt, dass Sie ein wenig schüchtern sind.«
Der Mann schmunzelt und wird selbstsicherer.
Er: »Ich bin mir ziemlich sicher, dass Sie mich mit jemandem verwechseln.«
Sie: »Sie sind nicht Viktor?«
Er: »Nein. Bin ich nicht.«
Sie: »Wie schade. Wir sind hier verabredet. Tisch 12. Wissen Sie, ich mag diese Nelke-im-Knopfloch oder Playboy-unter-dem-Arm-Erkennungszeichen nicht. Einfach

nur Tisch 12. Und Sie sind hier, und Sie sind nicht Viktor. Ich hoffe, er sieht mich hier nicht mit Ihnen. Er hat geschrieben, dass er zu Eifersucht neigt.«

Viel mehr wird die Frau nicht sagen müssen. Der Mann wird das Feld freiwillig räumen und sich wahrscheinlich einen neuen Tisch suchen.

Die virtuose Beherrschung von Status-Spielen kann bei entsprechender Begabung bis zu einem Grad perfektioniert werden, der es ratsam erscheinen lässt, diese Kunst beizeiten im Zaum zu halten. Es gab und gibt Menschen, die das Spiel so weit trieben bzw. treiben, dass sie dabei den Rahmen der Legalität verlassen. Sie verlieren, möglicherweise weil das Spiel so hervorragend und reibungslos funktioniert, jeden Respekt vor den gesellschaftlichen und zivilisatorischen Gegebenheiten. Mitunter reizen sie ihr Talent so weit aus, dass sie zu Lügenbaronen, Meisterfälschern oder Hochstaplern werden. Ihre Lebensgeschichten lesen sich dann nicht selten wie Romane. Einer dieser Virtuosen war Friedrich Wilhelm Voigt. Er besorgte sich im Oktober des Jahres 1906 in einigen Berliner Trödelläden die Bestandteile einer Hauptmannsuniform, legte sie an, rekrutierte in dieser Verkleidung auf der Straße zwei Trupps von Gardesoldaten, fuhr mit ihnen in der S-Bahn nach Köpenick, marschierte dort ins Rathaus ein, verhaftete den Bürgermeister und ließ sich die Stadtkasse auszahlen.

Der Hauptmann von Köpenick war ein arbeits- und mittelloser Schuster, der seinen inneren und äußeren Status radikal gewechselt hatte. Alles, was er dazu benötige, war die Uniform, die genaue Nachahmung der Verhaltensweisen und Redewendungen eines Hauptmanns und die innere Haltung, das Spiel konsequent zu Ende zu treiben. Er hat diese Rolle perfekt ausgefüllt.

In der Welt der Literatur findet man in Mark Twains Helden Tom Sawyer ein Beispiel für einen liebenswerten Status-Artisten. Seine Tante Polly legt ihm für eine seiner zahllosen Missetaten die Strafe auf, den Gartenzaun zu streichen. Das ist Tom zunächst nicht nur sehr lästig, sondern birgt auch die Gefahr, von den anderen Kindern verlacht zu werden. Gefangen in diesem Tiefstatus, denkt er sich eine List aus. Er streicht den Zaun mit so großer Sorgfalt und Hingabe, dass er die Kinder, die schon bald hinzukommen, um ihn zu hänseln, nicht zu bemerken scheint. Er spielt diese Rolle so glaubhaft, dass sie ihn schon bald bitten, auch ein wenig anstreichen zu dürfen, doch er lehnt ab: Das ist seine Arbeit, sein Vergnügen. Mit diesem Verhalten steigert er ihre Neugier und ihren Wunsch, teilhaben zu können, so weit, dass am Ende nicht er, sondern sie den gesamten Zaun streichen und ihn auch noch dafür bezahlen. Er hat seinen Tiefstatus mit einem Trick in einen Hochstatus verwandelt, denn er erweckt den Eindruck, er sei mit einer überaus selig machenden Tätigkeit beschäftigt. Niemand sonst hat so ein Glück wie er. Logisch, dass die anderen Kinder da mitmachen wollen. Den krönenden Abschluss dieses Status-Meisterstücks bildet die entzückte Tante Polly, die stolz auf ihren Tom ist, der die Aufgabe in so kurzer Zeit so akkurat erledigt hat.

Auch im praktischen Leben lassen sich zahlreiche Beispiele für großartig gekonnte Status-Spiele finden. Der berühmte Seefahrer und Entdecker Kapitän Cook hatte herausgefunden, wie er die übelste Seefahrerkrankheit besiegen konnte. Sie hatte jahrhundertelang viele tausend Seemänner das Leben gekostet. Ihr Name war Skorbut, ihre Ursache der Mangel an Vitamin C. Mit Sauerkraut war das Problem zu lösen. Kapitän Cook ließ mehrere Fässer auf sein Schiff bringen und wusste gleichzeitig, dass die Mannschaft es nicht essen würde, weil sie es nicht kannte, weil sie ihm nicht glauben würde, dass es Skorbut verhindert, und weil es niemandem schmecken würde. Die List, mit der er es schaffte, dass dennoch alle brav ihre tägliche

Portion Sauerkraut vertilgten, sah so aus: Er ließ es nur an seinem Tisch, im Kreis der Offiziere, servieren, und nur für sich selbst. Der Kapitän aß sein Sauerkraut mit absoluter Selbstverständlichkeit, und die Offiziere konnten sehen, dass es ihm mundete. So wurden sie neugierig, und schließlich fragte jemand, ob er die neue, geheimnisvolle Speise einmal kosten dürfe. Der Kapitän willigte nur zögernd ein, ließ sich letztendlich aber nicht lumpen. Der Trick wirkte. Wenig später war Skorbut unter Seelfahrern kein Thema mehr.

C. Status im Beruf

Es gibt mehr Leute, die kapitulieren, als solche, die scheitern.

Henry Ford (1863–1947), Gründer von Ford

Was bewirkt Status?

Szene:

Ein Meeting. Zur Diskussion stehen die in der Vorwoche beschlossenen Verbesserungen von Arbeitsabläufen. Nachdem Bereichsleiter West mit Hilfe einer Computer-Präsentation seine Ergebnisse demonstriert und dafür Lob vom Chef erhalten hat, ist Bereichsleiter Nord an der Reihe. Er ist weniger eloquent als Bereichsleiter West und präsentiert nicht mittels Computer, sondern trägt in freier Rede vor, unterstützt nur von einem Zettel mit Stichworten. Nach wenigen Sätzen unterbricht ihn der Chef:

Chef: »Können wir das sehen, was Sie uns da erzählen?«

B. Nord: »Sehen?«

Chef: »Sehen. Haben Sie sich die Mühe gemacht und ein paar Folien vorbereitet?«

B. Nord: »Tut mir leid. Die Zeit hat dazu nicht gereicht. Mir war vor allem wichtig, die einzelnen ...«

Chef: »... wie sollen die Damen und Herren in dieser Runde denn eine klare Vorstellung entwickeln, wenn Sie das nicht einmal in ein paar simplen Diagrammen darstellen können?«

Der Bereichsleiter Nord blickt ein wenig verlegen zunächst in die Runde, dann auf seinen Zettel.

B. Nord: »Tut mir leid. Ich habe alle Zeit und Konzentration für die Umsetzung ...«

Chef: »... Ja, schon gut. Ich schlage vor, wir lassen das für heute und Sie stellen Ihre Ergebnisse beim nächsten Mal vor – anschaulich und präzise, wenn ich bitten darf.«

Szenen wie diese sind im Berufsleben keine Seltenheit. Man ist hin- und hergerissen zwischen respektvoller Zurückhaltung und heimlicher Sympathie. Der Respekt gilt dem Chef, unter anderem, weil er aggressiv ist. Da hält man lieber Abstand. Die Sympathie hingegen gilt dem Bereichsleiter Nord, schon deshalb, weil er ohne Computer präsentiert, und auch, weil er eine eigenständige, selbstbewusste Haltung zeigt. Ob er sie durchzuhalten vermag und die Situation für sich entscheiden kann – das letzte Wort in diesem Dialog ist nämlich noch nicht gesprochen –, wird sich ganz am Ende dieses Kapitels zeigen.

Der Berufsalltag ist nicht selten der Teil unseres Lebens, in dem Hierarchien die Abläufe maßgeblich bestimmen, Ellenbogen Positionen freikämpfen, Intrigen über Beförderungen mitentscheiden, Wortgewalt gute Lösungen verhindert oder Entscheidungsschwäche ganze Projekte im Sande verlaufen lässt. Das muss nicht so sein, kann es aber und ist es häufig auch. Wie die Dinge am Ende tatsächlich laufen, wird erst in zweiter Linie von Kompetenz, Logik und Vernunft bestimmt. Davor haben die Götter den Status gesetzt; im Team, in der Abteilung, im Unternehmen. Mein Statusverhalten im Berufsleben hat maßgeblichen Einfluss darauf, ob ich Karriere mache oder nicht, wie viel ich verdiene, ob ich ernst genommen und respektiert werde, ob man mir vertraut, ob ich im Kreis der Kolleginnen und Kollegen Anerkennung finde, ob ich meinen Fähigkeiten entsprechend eingesetzt werde und vieles mehr. Gemeint ist dabei nicht der Status aufgrund einer Position, sondern der, den ich aufgrund der eigenen Persönlichkeit einnehme.

 Das sagt der Status-Experte:
Nicht Rang und Namen, Kontostand und Luxusgüter,
Uniform oder Doktortitel sind die maßgeblichen
Bestandteile erfolgreicher Status-Spiele. Der eigentliche
Held auf der Bühne ist die eigene Persönlichkeit.

Die im vorigen Kapitel besprochenen Status-Spiele des Alltags finden häufig mit Personen statt, die man nicht ständig sieht, zu denen man nicht unbedingt in Abhängigkeitsverhältnissen steht, die nicht langfristig über das eigene Wohl und Wehe mitbestimmen können. Anders im Berufsleben. Hier sind wir durchaus abhängig von Vorgesetzten, müssen vielleicht mit Kolleginnen oder Kollegen dauerhaft auskommen, die wir nicht sympathisch finden, oder wir sind der Meinung, mit unseren Fähigkeiten nicht richtig eingesetzt zu werden. Das berufliche Umfeld, in dem unsere Status-Spiele stattfinden, ist geprägt von Mitspielern, die wir gut kennen und die uns gut kennen. Wir wirken also permanent auf die gleichen Personen, und ebenso wirken diese unablässig auf uns.

 Das sagt der Status-Experte:
Status wirkt auf zwei Ebenen – auf mich selbst und auf andere.

Eine Konsequenz, die sich daraus ergibt, sind Rituale. Begegnungen, Besprechungen, Konflikte etc. laufen nach mehr oder weniger feststehenden Protokollen ab: »Jetzt kommt das wieder«, oder: »Die Leier kenn ich schon«, oder: »Bitte nicht wieder diese Nummer« und ähnliche Gedanken oder Äußerungen sind uns hinlänglich bekannt. Sie zeigen an, dass bereits im Vorfeld feststehen kann, wie ein Gespräch, eine Diskussion, eine Besprechung ablaufen wird. Ritualisierte Status-Spiele sind nicht leicht zu überwinden und machen einen Status-Wechsel oft schwer. Was im Alltag aufgrund der Flüchtigkeit von Begegnungen und Beziehungen spielerisch geübt und durchgeführt werden kann, gestaltet sich im Beruf weitaus schwieriger und birgt ein höheres Gefahrenpotenzial: Die soziale Gruppe der Kolleginnen und Kollegen ist relativ fest gefügt. Veränderungen eines Einzelnen werden da erst einmal nur zögerlich, wenn überhaupt, toleriert.

Es handelt sich somit ein sehr weites und spannendes Feld, das wir jetzt betreten.

Szene:

Sie arbeiten in einem Team, das eine große Aufgabe bewältigt hat. Die Präsentation gelingt, alle sind zufrieden, der Chef spricht ein Lob aus, stellt Fragen zum Ablauf des Projekts und zur Lösung schwieriger Details.

Der Leiter Ihres Projektteams stellt seine eigenen Verdienste nach vorne. Bei dieser Umbrella-Technik genannten Vorgehensweise versteckt der Ranghöhere die Leistungen der anderen wie hinter einem aufgespannten Regenschirm, und er allein stellt sich davor. So wird die Arbeit der anderen kaum, vielleicht sogar überhaupt nicht mehr sichtbar, und der Projektleiter sammelt alle Meriten für sich ein.

- Lassen Sie das in der aktuellen Situation geschehen?
- Weisen Sie bereits während des Gesprächs mit dem Chef darauf hin, dass das gesamte Team die Leistung ermöglicht hat?
- Fordern Sie andere Teammitglieder auf, auch etwas in dieser Richtung zu sagen?
- Stimmen Sie der Darstellung des Projektleiters grundsätzlich zu und erwähnen dabei auch Ihre eigenen Leistungen?
- Verbünden Sie sich mit den anderen Teammitgliedern gegen den Projektleiter, um es ihm später heimzuzahlen?
- Versuchen Sie, zu einem späteren Zeitpunkt ein Gespräch mit dem Chef zu führen, in dem Sie auf Ihre eigene Leistung aufmerksam machen?
- Versuchen Sie, zu einem späteren Zeitpunkt ein Gespräch mit dem Chef zu führen, in dem Sie auf die Leistung des gesamten Teams aufmerksam machen?

Jede dieser Möglichkeiten – sie sind lediglich als Beispiele gedacht und decken keinesfalls das gesamte Spektrum der Möglichkeiten ab – ist abhängig von Ihrem aktuellen Status, den Sie innerhalb der Gruppe haben. Er beeinflusst, wie Sie denken und wie Sie handeln. Und er beeinflusst, wie Ihre Reaktionen von den anderen aufgenommen und bewertet werden, ob Ihr Verhalten andere ermutigt oder ob es ihnen gleichgültig ist. Ebenso wirkt Ihr Status auch auf Sie selbst: Trauen Sie sich zu, das Steuer herumzureißen, oder fürchten Sie sich davor, sich selbst in ein besseres Licht zu stellen?

Wirkung auf mich selbst

Mein Status beeinflusst maßgeblich, wie ich mich fühle *und* wie ich denke. Bin ich in der Gruppe akzeptiert und integriert, fühle ich mich wohl und denke frei. Bin ich hingegen nicht sonderlich akzeptiert oder integriert, fühle ich mich auch nicht sonderlich wohl, und mein Denken ist eher hektisch oder fahrig. Einen klaren Gedanken zu fassen fällt besonders in Stresssituationen nicht leicht. Mein Gefühl bestimmt, wie ich mich verhalte, wie ich agiere bzw. reagiere. Jeder von uns kennt beide Zustände und weiß, wie angenehm der erste und wie unangenehm der zweite sein kann. Jeder weiß auch, was diese Zustände bewirken: Fühlen und Denken beeinflussen die Wirkung, die ich auf andere habe. Menschen, die mir unsicher erscheinen, nehme ich nicht besonders ernst. Menschen, die mir unfreundlich gegenübertreten, meide ich. Menschen, die mir sympathisch erscheinen, sind mir willkommene Gesprächspartner, deren Meinung mich interessiert und deren Anwesenheit ich bevorzuge, mitunter gar genieße.

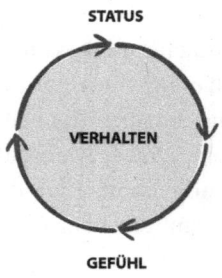

Der Einfluss von Gefühl auf Status – und gleichzeitig von Status auf Gefühl – wird nicht selten als Teufelskreis erlebt, weil wir dieser Wechselwirkung häufig ohnmächtig ausgeliefert scheinen.

Bin ich in der Gruppe ein anerkanntes, integriertes Mitglied, im Status somit relativ hoch, werde ich keine Mühe haben, meine eigene und die Leistung der Gruppe ins rechte Licht zu rücken. Ich werde bei passender Gelegenheit elegant und bestimmt eingreifen können, die richtigen Worte finden und mir die verdiente Anerkennung holen.

Bin ich innerhalb der Gruppe im Status hingegen tief, werde ich das kaum wagen, weil ich fürchte anzuecken, als Nörgler zu gelten oder sogar etwas Falsches zu sagen, denn: Wer weiß? Vielleicht bin ich ja der Einzige, der findet, dass der Gruppenleiter sich mit fremden Federn schmückt ...

 Das sagt der Status-Experte:
Mein Status beeinflusst maßgeblich, wie ich mich fühle, und mein Gefühl beeinflusst maßgeblich meinen Status.

Wirkung auf andere

Meine Mitmenschen reagieren auf mich und das, was ich ausstrahle, genauso wie ich selbst auf sie reagiere. Das hat großen Einfluss auf die Fähigkeit, mir Gestaltungsfreiraum zu verschaffen.

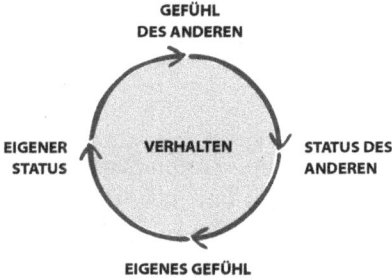

Die Wirkung meines Status basiert auf den beiden Variablen Respekt und Sympathie. In unserem Alltag treten sie in den meisten Fällen als scheinbares Gegensatzpaar auf. Menschen, die uns Respekt abverlangen, sind uns oft nicht besonders sympathisch, und umgekehrt bringen wir Menschen, die uns sympathisch sind, häufig nicht wirklich viel Respekt entgegen. Das tritt in persönlichen Beziehungen recht deutlich hervor, denn wir streiten viel mit denen, die wir lieben. Meist um Nebensächlichkeiten, die nicht selten zu großen Problemen aufgebauscht werden. Da fehlt dann der eigentlich angebrachte Respekt vor der Meinung oder der Kompetenz des anderen.

Umgekehrt sind wir, vor allem in beruflichen Dingen, durchaus in der Lage, Entscheidungen mitzutragen, die wir nicht wirklich gutheißen. Wir respektieren aber die Meinung oder Anweisung von Vorgesetzten oder Menschen, die sich besser durchzusetzen verstehen als wir selbst. Respekt haben wir also vor ihnen, sympathisch finden wir sie dafür kaum.

Das folgende Beispiel ist eine Übung, in der beide Aspekte durchgespielt werden können: der sympathische und der respektable. Das Augenmerk liegt jeweils auf der Wirkung:

> Der Wirkung auf mich selbst – wie fühle ich mich in der Situation?
> Der Wirkung auf andere – wie werde ich wahrgenommen, wenn ich auf diese oder jene Weise reagiere?

Szene:

Sie haben einen Kollegen, der unangenehme Arbeiten gerne delegiert. Sie arbeiten mit ihm auf Augenhöhe; er ist weder ihr Vorgesetzter noch in der Position, Ihnen Anweisungen zu geben. Dennoch finden Sie sich oft in Situationen wieder, in denen er Ihnen eine Arbeit aufgedrückt hat, die eigentlich er selbst hätte erledigen sollen, jedoch gerade keine Zeit hatte oder Sie charmant oder geschickt bittet, ihm behilflich zu sein. Es kann auch sein, dass er überzeugend die Meinung vertritt, Sie könnten das viel besser als er, und da sei es doch selbstverständlich, dass er dem Besseren den Vortritt lässt. Bei alldem handelt es sich stets um Aufgaben, die niemand wirklich gerne tut. Der Status der delegierten Arbeiten ist also eindeutig tief. Der Kollege stellt mit seinem Verhalten immer wieder, obwohl er Ihnen in der Hierarchie ebenbürtig ist, ein Status-Gefälle auf ihre Kosten her.

Vollkommen gleiche Status-Positionen gibt es, das hat das Beispiel der beiden Chefärzte im Zug anschaulich gezeigt, so gut wie nie, denn solange vollkommene Status-Gleichheit herrscht, wird nicht gehandelt, kann nicht gehandelt werden. Es ist also zunächst einmal nicht verwerflich, sondern notwendig, ein Status-Gefälle herzustellen. Dabei gilt: Je geringer der Statusunterschied, desto spannender wird das Spiel. Große Status-Unterschiede sind wenig spannungsreich, da von vorneherein feststeht, was geschehen wird. Geringes Status-

Gefälle hingegen bietet allen Beteiligten die Gelegenheit, jederzeit das Spiel zu gewinnen und die Karten dabei immer wieder neu zu mischen. Im Fall des Kollegen, der es versteht, unangenehme, also statustiefe Arbeiten geschickt an Sie und andere in der Abteilung zu delegieren, wäre es sicher reizvoll, den Ball wieder zurückzuspielen.

Wie könnte das gelingen? Was wäre zu tun, und wie geht es Ihnen dabei? Hier ein paar mögliche Spielzüge:

- Sie ärgern sich darüber, dass der Kollege Ihnen immer die unangenehmen Jobs aufdrückt, wissen aber nicht, wie sie sich dagegen wehren können.
- Sie können dem Kollegen den Gefallen nicht abschlagen, denn er braucht wirklich jemanden, der sich um all den Kleinkram kümmert, weil er das selbst nicht kann, und da es Ihnen leichtfällt, ist es für sie selbstverständlich, dass Sie das schnell mit erledigen.
- Sie äußern Verständnis und aufrichtiges Bedauern, dass er so viel zu tun hat und so überlastet ist, und sprechen dann ausführlich über die vielen Kleinigkeiten, die Ihnen den Tag lang und beschwerlich machen. Sie halten den Kollegen dabei über Gebühr lange in diesem Gespräch fest.
- Sie lassen sich die Aufgabe, die er an Sie zu delegieren versucht, sehr genau beschreiben und wiederholen jede Kleinigkeit. Dabei lassen Sie einen leicht ironischen Unterton mitschwingen.
- Sie weisen den Kollegen darauf hin, dass Sie sich beim Betriebsrat erkundigt und dort erfahren haben, dass Sie diese Aufgabe nicht übernehmen müssen.
- Sie versuchen, ein für alle Mal klarzustellen, dass Sie sich nicht länger von ihm vor den Karren spannen lassen und für ihn nicht mehr die Kastanien aus dem Feuer holen.

– Sie verbünden sich mit Kolleginnen und Kollegen, denen es ergeht wie Ihnen. Sie schimpfen über den dreisten Kollegen und einigen sich darauf, dass Sie dieses Spiel nicht mehr lange mitmachen werden.

Welche grundsätzliche Richtung wählen Sie?

Sich durchsetzten, auch wenn Sie dafür eine harte Haltung einnehmen müssen?
Lieber keinen Ärger heraufbeschwören und stattdessen in den sauren Apfel beißen?

Vielleicht findet sich ja eine Möglichkeit, das Spiel zu Ihren Gunsten zu drehen, ohne dabei hart vorgehen zu müssen.

Entscheidend für Ihren Erfolg ist die Macht des Willens und die sich daraus ergebende Strategie: Was wollen Sie erreichen, und wie müssen Sie sich verhalten, um an Ihr Ziel zu gelangen?

– Lassen Sie sich auf Status-Rangeleien ein oder verfolgen Sie Ihr Ziel unabhängig von situativen Konflikten?
– Schaffen Sie es, an den richtigen Stellen auf das momentane Durchsetzen eines Details zu verzichten, weil es letztendlich nicht entscheidend ist, oder setzen Sie all Ihre Energie ein, damit von Anfang an alles immer Ihren Vorstellungen entsprechend läuft?
– Behalten Sie das Große, Ganze im Fokus und können Umwege in Kauf nehmen, oder müssen Sie auf der Überholspur dafür sorgen, immer den schnellsten Weg zu gehen?
– Wie stellen Sie es an, sich von Ihrem Ziel nicht abbringen zu lassen – auch nicht von Statushöheren?

Eine vielleicht hilfreiche Übung für Freiberufler, die sich gegenüber Kunden in einem meist deutlichen Status-Gefälle befinden:

Szene:
Sie sind Dienstleister und arbeiten zur vollen Zufriedenheit Ihres Kunden. Sie werden seit mehreren Jahren immer wieder gebucht, die Ergebnisse erfüllen regelmäßig die Erwartungen Ihres Auftraggebers. Dann ein Anruf aus der Chefetage Ihres Kunden: »Wir müssen uns unterhalten. Sie sind zu teuer. Wir haben hier ein Angebot für die gleiche Leistung vorliegen, das um die Hälfte günstiger ist als Ihres.«

Die Brisanz der Situation wird verschärft durch den Zusatz Ihres Auftraggebers, der offensichtlich einen schlechten Tag hat, denn er fügt hinzu: »Ich ärgere mich vor allem über mich selbst, weil ich so lange so viel bezahlt habe.«

Das klingt dramatisch und lässt Schlimmes befürchten. Glücklicherweise haben Sie einen langfristigen Vertrag, der Sie juristisch absichert. Andererseits ist der Kunde in der Lage, sich mit Ihrer Arbeit so unzufrieden zu zeigen, das er den Vertrag anfechten könnte; nicht, weil Sie keine gute Arbeit leisten, sondern um aus der Bindung herauszukommen. Sie wiederum wissen, dass die notwendige Qualität, die der Kunde benötigt, von einem neuen Dienstleister nur dann geliefert werden kann, wenn dieser eine längere und kostspielige Einarbeitungsphase absolviert hat. Vor allem aber sind Sie sich bewusst, dass Sie hervorragende Qualität liefern. Das Status-Gefälle ist tatsächlich also nicht gar so groß, wie es die Äußerungen des Kunden zunächst vermuten lassen – obwohl eine Kunden-Dienstleiter-Beziehung für den Dienstleister zunächst immer den tiefen Status voraussetzt. Die Aufgabe besteht nun darin, kraft der eigenen Persönlichkeit das jetzt plötzlich so große gewordene Status-Gefälle der Beziehung wieder zu nivellieren.

Die entscheidende Frage lautet: Wie sind Sie innerlich unterwegs?

Mit welcher Haltung und welchem Ziel gehen Sie in das persönliche Gespräch mit Ihrem Auftraggeber und verhandeln mit ihm über die zukünftige Honorierung Ihrer Leistungen?

Möglichkeiten:
1. Man will den Auftrag auf jeden Fall behalten und ist bereit, die Bedingungen zu erfüllen. Notfalls – als Entgegenkommen – geht man noch weitere 10 Prozent herunter.
2. Man mault und sagt, dass es so ja nicht geht und bietet 25 Prozent Nachlass an.
3. Man besteht ohne viel Federlesen auf Erfüllung des Vertrages.
4. Man zeigt sich enttäuscht, dass der Kunde die Arbeit nicht mehr wertschätzt, verweist auf die bisherigen Erfolge und bietet eine zusätzliche, interessante Leistung an, um dann statt eines Nachlasses eine Preiserhöhung für seine Arbeit vorzuschlagen.

Versuchen Sie, die Reaktionen den einzelnen Statusprofilen von hoch-hoch bis tief-tief zuzuordnen.

Lösung: 1 = tief/tief | 2 = innen tief/ außen hoch | 3 = hoch, hoch | 4 = innen hoch, außen tief

Zusammenfassung
1. Status wirkt auf zwei Ebenen – auf mich selbst und auf andere.
2. Mein Status wirkt auf mein Gefühl und auf mein Verhalten.
3. Mein Gefühl gestaltet meinen Status und mein Verhalten. Das Verhalten wird also von beiden Seiten angesteuert: vom Gefühl und vom Status; genauer gesagt von der Wech-

selwirkung Gefühl beeinflusst Status und Status beeinflusst Gefühl.

4. Will ich den tiefen Status verlassen, muss ich das willentlich in die Wege leiten. Dazu muss ich mich zuerst einmal selbst motivieren.

5. Mein Verhalten hat Auswirkungen auf das Verhältnis, das andere zu mir aufbauen. Spiele ich innen und außen tief, wird man mir wenig Respekt entgegenbringen. Spiele ich innen und außen hoch, werde ich wenig Sympathie ernten.

6. Gelingt es mir, mein Ziel klug zu verfolgen und den anderen dabei das Gefühl von Akzeptanz und Wertschätzung zu geben, werde ich beides – Sympathie und Respekt – erlangen.

7. Ändere ich mein Statusverhalten, ändern sich auch die Statusbeziehungen zu allen Mitspielern.

8. Ich kann durch mein Verhalten somit Statushierarchien beeinflussen und neu ordnen.

Jeder Mensch liest und deutet die Signale der anderen mit großer Treffsicherheit. Gelingt es, das intuitive Expertenwissen bewusstzumachen, ist das die beste Voraussetzung, um Körpersprache in bestimmten Situationen bewusst einzusetzen; für das Berufsleben eine reizvolle Aufgabe und möglicherweise eine große Chance.

Wie also spricht der Körper, und was sagt er?

Berührungen im Gesicht und am Kopf

Berührungen am eigenen Körper – Hand fasst an den Arm oder Hals, Hände spielen miteinander etc. – gehören zu den statussenkenden Gesten. Sie zeigen, dass wir nervös, verlegen oder aufgeregt sind. Von besonderem Interesse sind in dieser Hinsicht Berührungen im Gesicht und am Kopf. Sie sind in Meetings, Besprechungen oder Verhandlungen sehr gut zu beobachten, weil sie häufig und in großer Bandbreite vorkommen.

Wann berühren wir Gesicht und Kopf? Wie tun wir das und was bedeuten solche Gesten?

Berührungen im Gesicht und am Kopf sind vorwiegend Tiefstatusgesten: Kopf aufstützen, Finger an die Wange oder ans Kinn legen, am Ohr zupfen, an der Nase oder auf dem Kopf kratzen, mit den eigenen Haaren spielen, und ganz deutlich: an den Fingernägel knabbern. Die Interpretation solcher Gesten als Ausdruck von Unsicherheit, Zurückhaltung, Hemmung, Verlegenheit oder Nachdenklichkeit etc. ist unbestritten, für die folgenden Beobachtungen jedoch von geringer Bedeutung. Unser Interesse gilt eher ihren Status-Aspekten.

Einige der genannten Gesten sind von so grundsätzlicher

Natur, dass sie sogar bei Tieren beobachtet werden können. Katzen z. B. zeigen beim Betreten von Räumen mitunter ein Verhalten, das so aussieht: zuerst laufen sie in den Raum hinein, setzten sich dann in die Mitte und kratzen sich am Ohr. Das Signal sagt: Ich bin nicht auf der Jagd. Alles gut, alles friedlich.

Szene:

Ein Meeting. Jemand wird etwas gefragt und berührt vor der Antwort kurz seine Nase, nur ein Antippen, oder er beißt sich kurz auf die Unterlippe, oder er legt einen Finger auf den Mund. Es sind Gesten wie diese, mit denen wir in den tiefen Status gehen; aus Verlegenheit oder weil wir eine Befürchtung hegen oder weil wir uns eine harmonischere Atmosphäre wünschen. So senden wir ganz unbewusst Signale der Verträglichkeit – oder verraten, dass wir gerade ein wenig geschummelt haben.

In der menschlichen Kultur existiert eine Vielzahl solcher Zeichen und fein abgestimmter Rituale, und alle dienen dazu, uns gegenseitig einer friedfertigen Grundstimmung zu versichern. Ein gut zu beobachtendes Phänomen sind z. B. die Raucherecken auf Flughäfen. Auffallend ist die Gemütlichkeit an diesen verräucherten Orten, jedenfalls wenn man Raucher ist. Sollte Ihnen der Rauch und seine Folgen für Ihre Gesundheit die Beobachtung einer Raucherzone verleiden, fragen Sie stattdessen jemanden, der pafft, und lassen sich von dort berichten. Die meisten Raucher beschreiben die Atmosphäre an den wenigen Plätzen, die ihnen noch geblieben sind, als behaglich. Man kommt dort sehr schnell miteinander ins Gespräch, und Streit gibt es so gut wie nie. Der Grund liegt, neben einer Reihe weiterer Faktoren, auch in dem Umstand, dass alle Anwesenden fortwährend Tiefstatusgesten zeigen, denn rauchen ist eine ritualisierte Form des Sich-ins-Gesicht-Fassens. Das trägt maßgeblich zur friedfertigen Grundstimmung bei und baut Kommunikationsbarrieren zu fremden Menschen schnell ab; Prinzip Friedenspfeife, eine frühe kulturelle Erfindung der Indianer Nordamerikas. Eine Ausnahme bildet allerdings die Arbeitgeber-Zigarre. Sie ist Hoch- und Tiefstatussignal gleichzeitig.

Ähnlich liegt der Fall bei gemeinsamen Mahlzeiten und beim Kaffee- oder Biertrinken mit Freunden und Kollegen. Wir schätzen diese Ereignisse, weil sie Gemeinschaft und Frieden stiften. Auch hier kommt die friedfertige Grundstimmung nicht zuletzt, wenn auch nicht ausschließlich, dadurch zustande, dass alle Beteiligten einander immer wieder ritualisierte Tiefstatusgesten senden: der Griff ins eigene Gesicht. Das Beispiel ist ein schöner Beweis für die Tatsache, dass tiefer Status keineswegs einen geringeren Wert hat als hoher. Unser Alltag ist durchwoben von Situationen, in denen gerade ein tiefer Status von essenzieller Bedeutung ist. Stellen Sie sich als Gegenbeispiel eine gemeinsame Mahlzeit vor, in der die Teilnehmer untereinander ständig Hochstatusgesten austauschen – fröhliche Mahlzeit.

Es gibt beim Sich-ins-Gesicht-Fassen auch einige wenige Hochstatusgesten, z. B. wenn jemand im Gespräch seine Brille abnimmt und in der Hand hält. Es ist eine Chef-Geste, gerne angewendet von älteren Herren. Dieses Verhalten hat seinen besonderen Grund in der Altersweitsichtigkeit. Ist man davon erst einmal betroffen, muss man die Lesebrille abnehmen, um scharf sehen und sein Gegenüber fixieren zu können. Der prüfende Blick auf den anderen ist eine unbedingte Voraussetzung, um in den Hochstatus zu gehen.

Eine weitere Hochstatusgeste – sie ist von der härteren Sorte und stellt eine Verletzung der Konvention dar – ist ein kurzes In-der-Nase-Bohren oder Im-Ohr-Jucken. Hier drückt jemand deutlich und grob Geringschätzung des anderen aus. Das funktioniert auch mittels Säubern der Fingernägel während einer Unterhaltung – eine in Westernfilmen gern verwendete Geste eines statushohen Banditenbosses gegenüber einer Geisel.

 Das sagt der Status-Experte:
Ein Hochstatus fasst sich – bis auf wenige bewusste
Ausnahmen – nicht ins Gesicht.

Probieren Sie einige der beschriebenen Tiefstatusgesten in Gesprächen aus und achten Sie auf Ihre eigene Gefühlslage. Was passiert mit Ihnen? Welchen Status nehmen Sie automatisch gegenüber Ihrem Gesprächspartner ein, wenn Sie Ihren Kopf aufstützen, sich an der Nase jucken, Ihr Haar um den Zeigefinger drehen, an den Fingernägeln knabbern? Beginnen Sie mit Trockenübungen, mit einer Person Ihres Vertrauens, mit der Sie einige Szenen spielerisch ausprobieren. Erst dann starten Sie mit Selbstversuchen in realen Situationen. Das schrittweise Vorgehen wird Ihnen helfen, sich besser konzentrieren zu können und Sie mit den entstehenden Gefühlslagen vertraut zu machen. Sie können dann feiner und genauer beobachten, wie Ihr Verhalten auf andere wirkt und welchen Einfluss es ausübt.

Wichtig ist, Bauchgefühl und Sensibilität darauf zu richten, was mit Ihnen in diesen Momenten geschieht und wie die anderen reagieren. Welche Gesten und welches Mienenspiel ruft Ihr Verhalten beim Gegenüber hervor? Ihr Bauch wird Ihnen mitteilen, was diese Rückmeldungen für Ihren Status bedeuten – ob und wie Ihr Gegenüber eine höhere Position einnimmt.

Zu Beginn können Statusübungen sich ein wenig schwierig und vielleicht auch verwirrend gestalten. Kein Grund zur Sorge; Sie werden darin schnell sicherer.

Haltung – tief

Während wir denken, fühlen, reden und handeln, vollführt unser Körper mehr oder weniger unablässig Bewegungen, die unseren inneren Status ausdrücken. Mit diesen Bewegungen, und durch sie, nehmen wir innerhalb unseres sozialen Netzes bestimmte Status-Positionen ein. Wir führen diese Bewegungen unwillkürlich aus, sodass man sagen kann, dass der Körper förmlich verstrickt ist in ein unbewusstes Ballett von Gesten. Jede hat ihre Bedeutung, und jede erzeugt eine bestimmte Position im Statusgefüge.

Kopf schräg halten

Am Hotel-Empfang. Die Dame am Counter begrüßt Sie lächelnd und neigt gleichzeitig den Kopf ein wenig zur Seite. Sie wirkt damit freundlich und sympathisch. Die Geste sagt: Ich bin harmlos. Tu mir nichts.

Die Geste hat eine starke Wirkung, der sich kaum jemand zu entziehen vermag. Mitunter aber verfehlt sie die gewünschte Wirkung, weil mancher Zeitgenosse auf Tiefstatusgesten dieser Art mit Hochmut oder Arroganz reagiert. Die meisten Mitmenschen jedoch nehmen das Signal entspannt zur Kenntnis und beginnen eine nette, harmlose, unverbindliche Kommunikation. Das kostet natürlich, ganz der Systematik der Status-Spiele geschuldet, Respekt, bringt aber Sympathie und ist darüber hinaus eine gute Methode, Stress zu vermeiden oder gar abzubauen – bis auf die bereits erwähnten Ausnahmen. Wenn jemand auf diese Tiefstatusgeste bissig reagiert, ist es sicher kein Fehler, den Kopf wieder gerade zu halten.

 Das sagt der Status-Experte:
Haltung ist in der deutschen Sprache ein Begriff, der sowohl für das Innenleben wie auch für das äußere Auftreten verwendet wird. Wir sprechen von innerer

Wackeln

In einer Besprechung bemerken Sie, dass einer der Teilnehmer mit einem Bein oder auf seinem Stuhl zu wackeln beginnt. Wie glaubwürdig ist er, wenn er etwas sagt? Wie sicher sind Sie, dass Sie sich auf diese Person verlassen können, verglichen mit einer Person, die ruhig sitzt?

Wackeln senkt den Status deutlich. Es wird als Zeichen von Unkonzentriertheit gewertet.

Hängende Schultern

Eine Kollegin erscheint zur Arbeit, und sofort sehen Sie, dass etwas nicht stimmt. Ihre Haltung ist leicht gebeugt, ihre Schultern hängen herunter. Diese Haltung sagt Ihnen, dass sie deprimiert oder enttäuscht ist. Kommt das nur gelegentlich vor, werden Sie sich wahrscheinlich rücksichtsvoll verhalten, sich vielleicht erkundigen, ob Sie ihr etwas Gutes tun können. Kommt das aber häufig vor, ist es sozusagen ein Standard, ein gewohntes Bild, verlieren Sie bald den Respekt. Sie bedauern die Kollegin innerlich vielleicht, doch für durchsetzungsfreudig, belastbar, clever oder vorausschauend halten Sie sie nicht.

In jeder Firma, jedem Unternehmen gibt es Personen mit schlaffer Körperhaltung. Beobachten Sie, wie Sie darauf reagieren.

X-Beine durch Einknicken

In der Pause bei einem Kongress begeben sich einige Personen in die Hotellobby. Die meisten sitzen entspannt in den bequemen Sesseln. Eine Person jedoch sitzt ganz vorne auf der Sitzfläche und hat die Knie zusammengepresst. Verglichen mit denen, die entspannt sitzen, wirkt sie unsicher. Man sieht, dass sie sich nicht wohl fühlt, und das senkt ihren Status. Sie wird in das Gespräch kaum einbezogen. Mit ihrer Haltung grenzt sie sich selbst aus, denn alle Anwesenden nehmen die Haltung und den damit selbstgewählten Status dieser Person wahr und reagieren entsprechend.

Hände falten und in den Schoß legen

Eine Steigerung der oben beschriebenen Sitzposition entsteht, wenn zusätzlich die Hände gefaltet und in den Schoß gelegt werden. Die signalisierte Harmlosigkeit bewegt sich dann möglicherweise schon an der Grenze zur Hilflosigkeit. Sie können das selbst ausprobieren und die unmittelbare Wirkung erleben, die diese Geste auf Ihr Gefühlsleben ausübt. Man ist kraftlos und wird bald müde.

Hektische Bewegungen

Fast jeder Mensch neigt dazu, in aufgeregtem Zustand seine Bewegungen zu beschleunigen. Wenn wir z. B. ein Glas Wasser umgestoßen haben, beginnen wir, die Flüssigkeit schnell aufzuwischen, um das Ereignis möglichst rasch ungeschehen zu machen. Dabei passiert nicht selten ein weiteres Malheur, weil die Bewegungen fahrig und unkonzentriert sind.

Schnelle Bewegungen entstehen automatisch, wenn wir uns unwohl fühlen, und sie verstärken diesen unangenehmen Zustand dann meist noch. Schnelle Bewegungen lassen die Person, die sie ausführt, nicht gut aussehen. Ausnahme: Artisten, Sportler, Tänzer, Jongleure etc.

Geschäftig sein

Ein Kellner wischt, noch während er uns begrüßt, mit der Serviette über das Tischtuch, um Krümel zu entfernen, und sagt, es werde sofort neu eingedeckt, ruft dann Hilfe herbei, gibt Anweisungen. Später, wir speisen bereits, erscheint er mehrmals, um zu fragen, ob alles in Ordnung ist, ob die Herrschaften zufrieden sind, ob die Herrschaften noch einen Wunsch haben.

Aufmerksamkeit und Geschäftigkeit liegen oft nicht weit auseinander, und doch wirken sie auf sehr unterschiedliche Weise. Der Unterschied bestimmt, ob wir uns wohl oder unwohl fühlen, und daraus folgt automatisch, ob wir dem Kellner mit Respekt begegnen oder ob er uns auf die Nerven geht. Wir möchten, dass der Kellner uns *be*dient, nicht aber, dass er uns *dient*. Damit ihm das gelingt, darf er im Status nicht zu tief nach unten gehen, sonst wird das Status-Gefälle unangemessen groß, und das stört die Harmonie des Spiels.

 Das sagt der Status-Experte:
Status-Spiele folgen stets einer feinen, inneren Choreographie. Für jeden Spieler gibt es einen genau festgelegten Handlungsspielraum. Bewegt er sich innerhalb dieses Rahmens, gelingt ein harmonisches Zusammenspiel. Verlässt ein Spieler seinen Rahmen, kommt es bei allen anderen zu Irritationen.

Haltung – hoch

Unsere Körperhaltung berichtet keineswegs nur vom tiefen Status, sondern genauso redselig auch vom Gegenteil. Menschen mit bevorzugt hohem Status bewegen und halten sich deutlich anders. Das gipfelt nicht selten in Übertreibungen, die keine andere Funktion haben, als unübersehbar den Status zu verkünden. Zur Vollendung gebracht wurde dieses Signalsystem in der Aristokratie des Barock. Damals ging es bei Hof um kaum etwas anderes als darum, im richtigen Moment am richtigen Ort in der richtigen Position zu stehen und darin genauso lange zu verweilen, wie es sich für den eigenen Stand gehörte: Ein Baron stand anders als ein Graf, und der anders als ein Herzog, der wiederum anders als ein Fürst und so weiter. Man stand, saß, schaute oder schaute nicht nach festen Regeln, und jeder kannte sein Repertoire aus dem Effeff.

Im Berufsleben spielen einige dieser Gesten noch heute eine wichtige Rolle und werden nach wie vor beharrlich produziert:

Kopf heben

Sie sprechen mit einem Kollegen. Er hört Ihnen zu und hebt dabei leicht den Kopf nach oben.

Was passiert? Sie werden unsicher. Sie haben das Gespräch in einer bestimmten Status-Konstellation begonnen, doch jetzt verlässt Ihr Gesprächspartner diese Konstellation und erhebt sich darüber. Seine Geste ist ein deutliches Signal, dass er vom Zuhörer zum Bewerter oder gar Beurteiler Ihrer Ausführungen geworden ist. Hinzu kommt die Sprache der Augen, an denen abzulesen ist, ob die Bewertung Zustimmung oder Ablehnung bedeutet.

Wenn Sie diese Geste ausprobieren, bleiben Sie bitte dezent. Es reicht, mit sehr kleinen Bewegungen zu arbeiten, um Wirkung zu erzeugen.

Nicht unbekannt ist uns allen in diesem Zusammenhang auch das ruckartige Zurückwerfen des Kopfes, um großes Missfallen zu äußern.

Gerade stehen

Sie warten auf einen Kunden oder einen Vorgesetzten. In der Zeit unmittelbar vor dem Aufeinandertreffen stehen Sie gerade. Sie achten darauf und erlauben sich nicht, sich hängen zu lassen. Würden Sie es tun, wäre Ihr Status zu tief, um dem anderen adäquat begegnen zu können. Es wäre sogar unhöflich, die notwendige Körperspannung nicht herzustellen.

Wann immer wir eine Aufgabe erledigen müssen oder uns einer Herausforderung stellen, machen wir uns gerade und nehmen Haltung an. Das hebt unseren inneren Status. Wir können in dieser Haltung nicht weinerlich, verzagt oder mutlos sein. Die gerade Körperhaltung lässt das nicht zu.

Eine Steigerung der Bereitschaft, eine Herausforderung anzunehmen, ist das breitbeinige Stehen; je breitbeiniger, desto entschlossener. Das gilt allerdings nur bis etwa Schulterbreite. Darüber hinaus verpufft die Wirkung.

Alle Helden der Filmwelt stehen gerade und breitbeinig, wenn sie sich einer großen Aufgabe stellen müssen ...

Langsame Bewegungen

Wann immer es betriebsam oder hektisch wird im Büro, auf der Baustelle, im Restaurant, im Geschäft – wer die Ruhe bewahrt, ist schon bald derjenige, dem sich die anderen anvertrauen. Die Ruhe bewahrt derjenige, der seine Bewegungen verlangsamt oder sein ursprüngliches Tempo beibehält, während alle anderen schneller werden. Langsame Bewegungen heben den Status immer dann, wenn sie nicht antriebslos, müde oder schlaff wirken, sondern besonnen, zielgerichtet und sicher.

In Filmen wird dazu das Mittel der Zeitlupe verwendet. Sie macht den Helden richtig groß. Seine Bewegungen erhalten eine fast majestätische Ästhetik und Schönheit. Läuft der Film hingegen zu schnell, wirken Bewegungen oft lächerlich.

Nicht ausweichen

Wenn es darum geht, dominant zu wirken und seine Position zu behaupten, ist man gut beraten, nicht auszuweichen. Demjenigen, der nicht ausweicht, wird ausgewichen. Er erhält erhöhte Aufmerksamkeit, denn der natürliche Bewegungsfluss – unbewusst weicht man einander automatisch aus – ist gestört. Da steht jemand im Weg. Wenn ich weiterwill, muss ich mir einen anderen Weg suchen.

Interessant wird es, wenn zwei sich begegnen und nicht aneinander vorbeifinden, weil beide in die gleiche Richtung ausweichen, um im nächsten Moment beide in die andere Richtung zu gehen. Der sich daraus ergebende, unbeholfen wirkende Ausweichtanz kommt zustande, weil die Übermittlung der Statussignale nicht eindeutig verläuft. Beide scheinen den gleichen Status einzunehmen, und das führt unausweichlich dazu, dass keine Einigung zustande kommt.

Besonders interessant wird es, wenn man solch ein Angebot zum Status-Spiel annimmt und seinerseits stehen bleibt statt auszuweichen.

 Das sagt der Status-Experte:
Körperhaltung und Status sind eng aneinander
gekoppelt. Mit der Einnahme einer anderen
Körperhaltung wird oft auch unmittelbar eine andere
Status-Position besetzt – vorübergehend oder dauerhaft.

Die Idee, nicht auszuweichen, ist keineswegs aufs Physische beschränkt. Im Arbeitsalltag gibt es viele Situationen, in denen jemand mental nicht ausweicht, sondern hocken bleibt, sich nicht von der Stelle rührt. Dieses Ver- oder Beharren kann ein starkes Machtinstrument sein, denn es blockiert die Aktionen anderer.

Blicke – tief

Blicke können sanft sein, aggressiv, verliebt, leer, rätselhaft, zornig, mitunter sogar vernichtend. Unsere Augen sind ein vielsagendes und treffsicheres Kommunikationsmedium. Wir lassen sie sprechen, und sie verraten uns. Wir erobern mit ihnen Herzen und schaffen uns über sie Feinde. Es steht daher außer Zweifel, dass sie im Status-Spiel von enormer Bedeutung sind, sowohl für den hohen wie für den tiefen Status. Beginnen wir mit dem Wegsehen.

Jemand schaut uns an, und wir schauen weg, senken den Blick. Eindeutig Tiefstatus. Darüber muss man nicht lange nachdenken, weil das Gefühl eine deutliche Sprache spricht. Meist geht das Wegschauen einher mit der Empfindung einer Niederlage.

Die Geste des Wegschauens hat eine tiefe kulturelle Verankerung im Miteinander der Menschen. Sie gilt weltweit als Geste der Demut und der Unterwerfung. In vielen Gesellschaften greift sie weit in das Verhältnis der Geschlechter hinein und weist Männern und Frauen klare Verhaltensregeln zu. Werden diese nicht eingehalten, entsteht sofort Irritation: Nordeuropäerinnen galten vor allem in südlichen Kulturen den Männern lange – und für weite Teile der Welt trifft das auch heute noch zu – als leichte Beute bzw. liebestolle Schönheiten. Der Grund war und ist ein weitverbreitetes Missverständnis: Die traditionelle Italienerin oder Spanierin schlägt den Blick zu Boden, wenn ein Mann sie ansieht. Eine aufgeklärte Nordeuropäerin tut das nicht. Sie schaut zurück, neugierig oder gelangweilt oder provokativ. Wie auch immer sie schaut, entscheidend ist, dass sie sich nicht automatisch in den tiefen Status begibt. Das verwirrt den sich auf natürliche Weise im Hochstatus fühlenden Mann, denn das von ihm ganz selbstverständlich erwartete Signal der Unterwerfung bleibt aus, und das führt zu allerlei nicht selten absurden Interpretationen. Die wirren Deutungen erfolgen gewöhnlich in Form einer Herabstufung: Die Frau, die den Blick nicht senkt, ist keine anständige Frau, sondern eine Hure. Die Idee, sie als gleichberechtigt zu betrachten, kann nicht gedacht werden, da der kulturelle, gesellschaftliche und soziale Kontext das nicht vorsieht. Passiert es dennoch, zerfällt der doppelte Hochstatus des Mannes. Seine Verunsicherung führt dazu, dass er innerlich in den Tiefstatus geht, weil seine Macht und Kraft gebrochen wurden. Außen aber bleibt er im Status hoch und nimmt Zuflucht zu Worten und Gedanken, die ihn wieder mit Macht aufladen sollen. Die Herabwürdigung des anderen ist da eine immer wieder spontan entstehende Reaktion.

Der gesenkte oder niedergeschlagene Blick spielt indes nicht nur im Geschlechterkampf eine große Rolle. Auch in Situationen, in denen man zur Rede gestellt wird, geht man häufig in eine blicksenkende Position. Einige Zeitgenossen wenden zum Beispiel unwillkürlich den Blick ab, wenn ein Schaffner das Zugabteil betritt, um die Fahrkarten zu kontrollieren. Schüler, die ihre Hausaufgaben nicht gemacht haben, weichen dem Blick des Lehrers aus, Kinder, die etwas angestellt haben, schauen angestrengt weg, Männer, die einen zotigen Witz erzählt haben, blicken verstohlen zur Seite, wenn unverhofft eine Frau die Szene betritt.

Eine mitunter gefährliche Variante des Blicksenkens ist der Opferblick. Ich schaue weg – und schaue dann kurz nochmal hin. Diese Geste und ihre möglichen Folgen sind älter als wir selbst.

Szene:

Sie befinden sich in einem fremden Haus, bei einer Party oder einem Empfang. Sie öffnen eine Tür. Vor Ihnen steht ein großer, fremder Hund. Sie fühlen sich nicht wohl und beschließen, lieber wieder zu gehen. Unwillkürlich wenden Sie den Blick ab und gehen fort. Wenn Sie sich jetzt noch einmal umdrehen und den Hund kurz anschauen – was passiert dann? Der Hund läuft auf Sie zu. Jedenfalls dann, wenn sein Jagdinstinkt intakt ist.

Mit einem Opferblick signalisieren wir einen so tiefen Status, dass wir als Beute wahrgenommen werden. Das funktioniert auch bei unseren Mitmenschen. Beobachten lässt sich das mitunter z. B. beim Einkaufen, wenn ein junger Mensch in der Position eines Lehrlings vom Chef einen Rüffel bekommt. Das kann sogar vor Kunden passieren – beim Bäcker, beim Friseur, im Schuhgeschäft. Der Lehrling schaut weg, schaut den Chef kurz wieder an, und der gerät dann erst richtig in Rage.

Szene:

Sie sitzen im Auto, halten an einer Ampel. Neben Ihnen steht ein Polizeiwagen. Sie schauen kurz hinüber. Der Polizist sieht Sie an. Sie schauen weg. Dann schauen Sie wieder hin. Der Polizist sieht das.

Sie haben die Chance, dass er Sie anhält und Ihre Papiere überprüft, deutlich erhöht. Es ist dieser zweite Blick, der vermuten lässt, dass man etwas zu verbergen hat.

Wesentlich harmloser fallen Reaktionen auf den sogenannten Dackelblick aus. Er dient der Verharmlosung und signalisiert: »Tu mir nichts. Ich tu dir auch nichts.« Seine Wirkung geht einher mit der Attraktivität der Person, die ihn einsetzt. Es macht einen enormen Unterschied, ob er von einer attraktiven Frau oder einem kleinen, unscheinbaren, dicken Mann kommt und selbstverständlich auch, wem er gilt: virilem Geschäftsmann oder strenger Politesse.

Ähnlich verhält es sich mit dem Augenklimpern. Es sagt: »Ich bin unter dir, tiefer als du, bitte nimm mich wahr, es wäre so nett …«

Ein ganz anderes Szenario des Wegguckens und Wieder-Hinguckens hingegen garantiert das Überleben unserer Art: flirten.

Jemand schaut hin, schaut weg, schaut wieder hin, schaut wieder weg, schaut wieder hin. Der Flirteröffner geht in den Tiefstatus und wertet den Angeflirteten damit auf: eine gute Idee, Kontakt aufzunehmen.

Übung:

Wenn Sie die Wirkung von Blicken ausprobieren, werden Sie feststellen, wie der eigene Gefühlshaushalt sich verändert, wenn Sie wegschauen. Weichen Sie dem Blick eines Menschen aus und versuchen dann mit innerlich fester Stimme zu sagen: »Die Welt gehört mir.« Sagen Sie nicht: »Die Welt gehört mir – ein bisschen«, sondern: »Die Welt gehört mir!« Mit fester Stimme. Wie authentisch fühlt sich das an?

Auch beim Autofahren können Sie prima üben, z. B. an Ampeln; nicht gerade bei Polizeiwagen, doch bei allen anderen. Schauen Sie den Fahrer neben sich an. Schaut er Sie an, schauen Sie weg, verlieren dieses Spiel also bewusst. Welchen Status haben Sie gegenüber dieser Person eingenommen? Solche Übungen lassen sich leicht wagen, weil man mit Menschen in Kontakt tritt, die man nur sehr flüchtig trifft und dann wahrscheinlich nie wieder sieht.

Als weitere Übung könnte dieses Szenario dienen: Gehen Sie durch ein Einkaufszentrum oder an einen anderen Ort, an dem viele Menschen unterwegs sind. Achten Sie speziell auf Personen, die Sie attraktiv finden. Schauen Sie diese an, bis Ihr Blick erwidert wird. Dann schauen Sie weg. Nicht flirten. Wenn Sie sich bei dieser Übung sicher fühlen, können Sie das gesamte Repertoire von Tiefstatusblicken ausprobieren – Weggucken, Dackelblick, Augenklimpern.

In Bezug auf das Berufsleben sind Experimente und Übungen mit Tiefstatusblicken nur dann ratsam, wenn man sie vorsichtig und in einem Umfeld ausprobiert, dem man vertraut. Es liegt eine gewisse Gefahr darin, weil man Menschen gegenüber, mit denen man viel und häufig zu tun hat, keine gute Figur macht, sondern Schwäche zeigt. Manch wenig netter Kollege könnte das ausnutzen ...

Das sagt der Status-Experte:
Tiefstatusblicke können im Berufsleben riskant sein. Es ist
möglicherweise besser, ihre Wirkung bei anderen zu
beobachten, als sie selbst auszuprobieren.

Blicke – hoch

Widmen wir uns der Kategorie von Blicken, die abschätzen, niederkämpfen, vernichten, mit der Sprache der Augen Respekt verschaffen und gleichzeitig Sympathien verscherzen.

Wegschauen funktioniert auch in Richtung Hochstatus: Zwei Menschen unterhalten sich. Einer spricht, der andere hört zu. Offensichtlich ungeduldig, schaut er plötzlich zur Seite, um im nächsten Augenblick wieder hinzusehen – hart, unterwerfend, bedrohlich, von oben herab. Dieses Wegsehen ist ein Ausholen zur Eroberung des hohen Status, und meist gelingt es auch. Es dauert nur einen kurzen Moment, und der Status-Wechsel ist vollzogen. Der plötzlich Herabgesetzte mag sich darüber ärgern und sich solch einen Blick verbieten; es nutzt ihm meist nichts mehr. Die Beschwerde erfolgt bereits aus der tiefen Status-Position.

Die beschriebene Technik lässt sich sogar steigern. Der ersten Stufe begegnen wir häufig: dem gespielt flehenden Blick nach oben. Man verdreht die Augen wenn jemand etwas sagt. Die Reaktion des Herabgesetzten erfolgt spontan und kann unterschiedliche Ausprägung zeigen. Ängstlich: »Oh Gott, alles verloren.« Oder zickig: »Sie brauchen gar nicht so zu gucken.« Aber auch ärgerlich: »Was soll dieser Blick?«

Jede Reaktion beweist: Es hat funktioniert. Der verächtliche, genervte, herabsetzende Blick hat seine Wirkung getan. Respekt ist gewonnen und Sympathie verloren – Hochstatus.

Zünden wir die nächste Stufe: das Anstarren. Jemanden zu fixieren hebt den eigenen Status. Der andere fühlt sich unwohl, nicht selten bedroht. Selbst wenn wir von jemandem angestarrt werden, dem wir einen höheren Status nicht zubilligen, reagieren wir betroffen – und tief: »Starren Sie mich (bitte) nicht so an.« Oder: »Was guckst du?«

Situationen für Hochstatusblicke begegnen uns im Berufsalltag ständig und überall. Sie werden wenig Mühe haben, sie zu entdecken.

Übung:
Achtung. Es droht kurzzeitiger Sympathieverlust in größerem Ausmaß!

Willkommen zu einem Machtspiel der harten Gangart: Starren Sie andere an, bis sie weggucken. Versuchen Sie, sich von Ihrem Triumph nicht zu sehr euphorisieren zu lassen, sondern die Reaktion der anderen genau zu beobachten. Es ist ein elementares Spiel um Macht, das jederzeit, aus dem Nichts, begonnen werden kann. Üben Sie das im Alltag und wenden es nur dann am Arbeitsplatz an, wenn die Situation adäquat ist, wenn Sie sich wirklich zur Wehr setzen wollen oder wenn Sie jemanden in seine Schranken weisen müssen.

Nächste Übung: Verdrehen Sie die Augen, wenn Ihnen jemand etwas erzählt. Wie reagiert diese Person? Und wie fühlen Sie sich? Spielen Sie dieses Spiel auch umgekehrt. Bitten Sie jemanden, die Augen zu verdrehen, wenn Sie etwas sagen. Möglicherweise werden Sie sich wundern, wie sehr die Geste Sie trifft, obwohl sie nur gespielt ist und Sie den Grund genau kennen.

 Das sagt der Status-Experte:
Status ist nicht nur überall – er wirkt auch immer. IMMER!

Stimme – tief

Vom Blick zur Stimme, einem weiteren wichtigen Instrument im Status-Spiel. Der Begriff »tief« in der Überschrift bezieht sich auf den Status, nicht auf die Stimmlage. Die ist bei Status tief nämlich meist hoch.

Um in den tiefen Status zu gehen, hebt der Mensch gewöhnlich seine Stimme. Von erheblicher Bedeutung ist das in der Kommunikation mit kleinen Kindern. Jeder von uns geht da unwillkürlich in den tiefen Status und signalisiert über das Heben seiner Stimme: »Alles gut. Ich werde dir nichts tun. Im Gegenteil. Ich beschütze dich. Ich bin dein Freund.«

Stellen Sie sich den umgekehrten Fall vor: Jemand spricht mit tiefer, dunkler Stimme ein kleines Kind oder einen Säugling an. Irritation und Weinen sind die nicht unwahrscheinliche Folge.

Mäuschenstimme: Gut zu beobachten in Mann-Frau-Konstellationen, die weitgehend auf einem klassischen Männlich-Weiblich-Prinzip basieren. Gilt heute als eher reaktionär oder rückständig, steht in keinem guten Ruf, ist aber dennoch, in unterschiedlicher Ausprägung, weit verbreitet: Der Fußballer und die Friseurin, der Generaldirektor und seine junge Gattin, die früher seine Sekretärin war, der Muskelmann und das Fräuleinwunder. In solchen Konstellationen ist die Mäuschenstimme eine Domäne der Frauen. Die hilfsbedürftige Stimmlage lässt sich gut als Waffe nutzen. Dann ist der Tiefstatus rein äußerlich und verbirgt eine innerlich klare Haltung: den festen Willen zur Erreichung eines Ziels.

Die Mäuschenstimme wird bevorzugt von Kindern eingesetzt, wenn sie z. B. ein bisschen länger fernsehen, ein Eis oder noch nicht ins Bett wollen. Wenn die niedliche Stimme nicht hilft, zünden sie die nächste Stufe: die weinerliche Stimme. »Och bitte. Bitte, bitte. Nur noch 10 Minuten ...«

Weinerliche Stimmlagen gehen im Status sehr tief, ganz besonders, wenn Erwachsene sie einsetzen. Nicht selten geht das den anderen gehörig auf die Nerven, und dennoch gibt es Menschen, die häufig weinerlich klingen. Häufig atmen sie vor einem Satz tief aus. Der größte Teil der Energie ist dann schon mal weg, und es wird nur mit dem Rest gesprochen; wenig überzeugend, eher resignierend. Tiefer im Status geht es kaum, aber ein bisschen schon noch: von der Hilflosigkeit geradewegs in Richtung Verzweiflung. Dann sprechen Menschen tonlos und atmen dabei hörbar viel Luft aus. Sie beginnen ihren Satz noch mit Stimme, um dann mit jedem Wort an Klangvolumen zu verlieren. Das Ende des Satzes wird tonlos verhaucht. Probieren Sie es aus: »Ja, wenn du mir nicht hilfst. Also ich kann das nicht. Ich bin für so was nicht geboren.«

Eine Verwandte des tonlosen Sprechens ist die Stimmlage, die an jedem Satzende angehoben wird: »Was soll ich dazu *sagen*? Ich weiß auch nicht *weiter*. Wieso unternimmst du *nichts*? Ich kann nicht alles *machen*. Wieso immer *ich*?«

Weniger dramatisch verwendet wird diese Art zu sprechen bei der Ansage von Stewardessen im Flugzeug. Sie gehen durch das Anheben der Stimme am Satzende in den tiefen Status; fast alle Damen dieses Berufsstandes tun das.

Vom tonlosen Sprechen geht es, wenn die Verzweiflung zunimmt, über zur flehenden Stimme: »Was soll *ich* dazu sagen? Ich weiß *auch* nicht weiter. Wieso unter*nimmst* du nichts? Ich kann nicht *alles* machen. Wieso *immer* ich?«

Unangenehm für alle Beteiligten wird es endgültig, wenn die Stimme das Stadium der Hysterie erreicht. Der Mensch spricht dann sehr laut, oder er schreit sogar. Die Stimme ist hoch, im Extremfall kreischend. Das passiert uns vor allem in heftigen Auseinandersetzungen und Streitgesprächen: »*Was* soll ich dazu sagen? *Ich* weiß auch nicht weiter. *Wieso* unternimmst *du* nichts? *Ich* kann nicht *alles* machen. *Wieso* immer ich?«

Charakteristisch für alle beschriebenen Stimmlagen ist, dass sie höher sind als unsere normale Stimme. Wir sind, wie bereits im Exkurs über die Authentizität erwähnt, »verstimmt«.

Beobachtungsposten zu diesem reizvollen Thema können wir am Arbeitsplatz sehr gut beziehen. Nicht ungeeignet sind auch Talkshows im Fernsehen, wenn z. B. Politiker Streitgespräche führen oder aktuelle Moral- und Ethikdiskussionen geführt werden.

Bleibt noch vom Flüstern zu sprechen, das sowohl für den tiefen wie für den hohen Statuszustand eingesetzt werden kann. Tiefstatusflüstern ist meist weinerlich oder verzweifelt, oder eine Mischung daraus. Es drückt Kraftlosigkeit und Resignation, Hoffnungslosigkeit und Fassungslosigkeit aus. Es ist auch die bevorzugte Stimmlage in Selbstgesprächen und daher nicht ganz so leicht zu beobachten, denn in Gesellschaft flüstern Menschen eher selten. Doch manchmal begegnet man ihm und hat Gelegenheit, das Flüstern eines Mitmenschen zu studieren.

Übung:
Wir nutzen das vielfältige, facettenreiche Spektrum unserer Tonalität, Dynamik und Intensität unentwegt, jeden Tag, in jeder Situation. Alles, was wir sagen, hat einen bestimmten Sound. Ohne Sound geht es gar nicht. Stimme muss klingen, und an ihrem Klang erkennen wir uns und unsere Gefühle, unsere Persönlichkeit, uns als »per sona«. Wir klingen, wie wir uns fühlen.

Probieren wir es an den beobachteten Spielarten der Tiefstatusstimmen mit dem gleichen Satz aus, etwa: »Ich glaube nicht, dass ich das kann.« Oder: »Wenn das so weitergeht, dreh ich durch.« Oder: »Ich würde gerne mal einen Tag freinehmen.«

- Mäuschenstimme
- weinerliche Stimme
- vor einem Satz tief ausatmen
- tonlos sprechen, mit ganz viel Luft, dabei mit Stimme den Satz beginnen und am Ende tonlos werden
- Stimme am Satzende anheben
- flehende Stimme
- hysterische Stimme
- flüstern im Tiefstatus

Weitermachen können Sie mit Sätzen, die Sie bei Ihren Beobachtungen aufschnappen und die Ihnen bemerkenswert erscheinen, weil sie irgendwie etwas haben ...

Üben Sie zunächst allein, für sich. Es fühlt sich möglicherweise, mehr als bei den anderen Übungen, wie Schauspielerei an. Ist es auch. Schauspieler wissen um die Macht und Kraft der Stimme. Sprachtraining ist ein elementarer Bestandteil ihrer Ausbildung.

Wenn Sie sich sicher fühlen, gehen Sie hinaus in die Welt und spielen Theater mit Ihrer Stimme. Kein großes Theater. Eher das alltägliche. Wundern und freuen Sie sich, wie viel Sie mit Ihrer Stimme anstellen und bewirken können. Und denken Sie daran: Wir befinden uns im Bereich Tiefstatus. Wie anders wird es sein, wenn Sie der Stimme Macht verleihen und mit ihr den Hochstatus ausprobieren?

Stimme – hoch

Der Begriff »hoch« in der Überschrift bezieht sich auf den Status, nicht auf die Stimmlage. Die ist bei Status hoch nämlich tief. Tiefe Stimmen sind charakteristisch für hohen Status. Die Tiefe der Stimme, abgesehen von der genetischen Voraussetzung Mann, Frau, Hautfarbe, Körpergröße etc., hat mit dem Grad unserer Entspanntheit zu tun. Je entspannter desto tiefer, lautet die simple Formel.

Tiefe Männerstimmen haben oft etwas Sinnliches. Die tiefste Stimme der Popmusik gehört wahrscheinlich Barry White. Man nannte ihn auch »The Voice«, ein Titel, der nur Menschen verliehen wird, die wirklich tief tönen. Barry Whites Stimme hat einen Sound, in dem man baden kann, und ihre Wirkung ist unglaublich entspannend.

Neben dem Signal der Entspanntheit wird eine tiefe Stimme auch verbunden mit Kompetenz, Sicherheit, Ruhe, Schutz und Gelassenheit. Außerdem wird sie häufig als sexy empfunden – bei Mann und Frau. Frauen mit tiefer Stimme sind für selbstsichere Männer höchst attraktiv. Machos hingegen können da hektisch werden.

Mancher Zeitgenosse bevorzugt Alkohol und Nikotin, um sich nach Feierabend zu entspannen, in gehobenen Kreisen Whiskey und Zigarre, in weniger gehobenen Kreisen Wein und Pfeife, in noch weniger gehobenen Kreisen Bier und Zigarette. Beide Genussmittel sorgen dafür, dass die Stimme tiefer wird. Hören Sie mal genau hin. Man nimmt es wahr, wenn man darauf achtet.

Dem Zuhören tiefer Stimmen setzen wir eine sinnfällige Reihe von Begriffen voran: Stimme – stimmt – Stimmung – stimmig. Alle gehören zum gleichen Wortstamm. Unsere Stimme verrät oder erzählt, wie wir uns fühlen, in welcher Stimmung wir sind und ob das, was wir sagen, stimmt und stimmig ist. Je tiefer wir in unserem persönlichen Soundspektrum liegen, desto authentischer sind wir, desto mehr Vertrauen bringt man uns entgegen, desto sympathischer und gleichzeitig respektabler wirken wir.

Bei der Beobachtung unserer Mitmenschen lässt sich gut ausmachen, wie die Stimmlage Situationen beeinflusst. Ein Mensch mit tiefer Stimme wird nur sehr selten unterbrochen, wenn er etwas sagt. Man glaubt ihm mehr, bringt ihm mehr Respekt entgegen, und häufig mag man ihn lieber als jemanden mit hoher Stimme.

Achten Sie auf den Grad der Entspanntheit, der mit der Tiefe der Stimme einhergeht. Tun Sie das vor allem bei Menschen, deren Stimmen Ihnen vertraut sind. Sie werden die Variationen in Höhe und Tiefe schnell heraushören und feststellen, welche Wirkungen das jeweils auf Sie ausübt.

Am Punkt der größten Entspannung geht die tiefe Stimme schließlich über in ein wohliges Brummen – kurz vor dem Einschlafen beispielsweise.

Eine weitere Variante der Hochstatusstimme ist das Knurren. Es dient der Einschüchterung. Wie manch anderes Statussignal ist auch dieses wesentlich älter als der Mensch. In weiten Teilen des Tierreiches wird geknurrt. Meist geht es um Futter- und Fortpflanzungschancen. Einer der Besten im Machtknurren unter den Menschen ist Marlon Brando als Mafiaboss im Filmopus »Der Pate«. Er sagt in der gesamten Trilogie kaum ein Wort, knurrt aber auf so überzeugende Weise vor sich hin, dass er damit den gesamten Clan unter Kontrolle hält. Es ist eine eindrucksvolle Demonstration des engen Zusammenspiels von Führungsposition und tiefer Stimme.

Übung:
Wie schafft man es, dass die Stimme tiefer wird? Die erste Komponente kennen wir bereits: entspannen. Die zweite lautet: langsamer werden. Tiefe Stimmen sind nicht schnell. Und wenn man bewusst langsam spricht, wird die Stimme automatisch etwas tiefer:
»Es reicht mir jetzt. Ich mache das nicht mehr mit.«
Sprechen Sie die beiden Sätze schnell.
Sprechen Sie sie langsam.
Sprechen Sie sie langsam und besonders tief.
Sprechen Sie sie langsam und hoch.
Wiederholen Sie bitte noch einmal die Variante: langsam und besonders tief. Achten Sie darauf, ob Sie knödeln. Damit ist ein kehliges Sprechen gemeint. Es entsteht, wenn man beim tiefen Sprechen nicht entspannt ist. Die Stimme verliert an Authentizität. Sie ist irgendwie nicht mehr so richtig Ihre eigene. Ein anschauliches Beispiel fürs Knödeln ist die schlechte Imitation des Kampfschreis von Ninjas in billig produzierten Filmen.

Ähnlich problematisch für den Hochstatus wie das Knödeln ist das Pressen. Die Stimme wird zwar tiefer, ist aber wiederum nicht authentisch; ein Sound, den man nicht gerne hört.

Um Ihre eigene Stimme tiefer zu legen, bietet sich neben Entspannung und maßvollem Genuss von Alkohol auch das

Singen tiefer Töne an. Sie werden dazu zum Beispiel auf dem Klavier angeschlagen und gleichzeitig mitgesungen.

Der Einsatz tiefer Stimmlagen lässt sich im Berufsleben sehr viel besser üben und durchführen als der von hohen Stimmlagen. Es wird Ihnen sicher Spaß machen zu beobachten, wie Situationen sich verändern, wenn Sie mit tieferer Stimme sprechen. Oft reichen schon Nuancen. Es geht ohnehin nicht um ganze Oktaven, die Sie hinuntergehen, sondern um eine feine Abstufung Ihres Sounds.

Zusammenfassung

1. Körpersprache, Stimme, Mimik etc. dienen stets maßgeblich dazu, Status zu dokumentieren.
2. Jeder sendet ständig Statussignale an seine Mitmenschen.
3. Diese Signale erzählen – oder verraten –, wie man sich fühlt und was man denkt.
4. Jeder empfängt ständig Statussignale von seinen Mitmenschen.
5. Jeder ist ein Experte darin, diese Signale zu deuten, und tut das auch unentwegt.
6. Das Senden, Empfangen und Lesen der Signale erfolgt unbewusst.
7. Die empfangenen und gelesenen Signale lösen entsprechende Reaktionen unmittelbar aus.
8. Die Übermittlung der Signale erfolgt durch Körpersprache, Stimme, Wortwahl etc.
9. Der Körper kommuniziert auf vielen Kanälen gleichzeitig – Gestik, Mimik, Sprache, Klang etc.
10. Das unbewusste Lesen der Signale kann man durch Beobachtung bewusstmachen.
11. Viele Signale der eigenen Körpersprache, der Stimme, der Wortwahl etc. können bewusst gestaltet werden – wenn man ihre Bedeutung kennt.

Umgang mit Kollegen, dem Chef und mit Kunden

Bei Status-Spielen im Berufsleben ist vor allem der Faktor Respekt von Bedeutung, denn er spielt die entscheidende Rolle, wenn es um Erfolg und Karriere geht. Man kann sehr weit kommen mit Respekt. Sympathisch muss man dabei nicht sein. Umgekehrt bleibt man auf der Karriereleiter mehr oder weniger stecken, wenn man sympathisch ist, sich jedoch keinen Respekt zu verschaffen weiß. Das Ideal besteht folglich darin, beide Komponenten in seiner Person zu vereinen – und das ist glücklicherweise möglich.

Das Berufsleben und der Arbeitsalltag bieten eine weite Bühne für die Beobachtung von Status-Spielen und die Erforschung ihrer Funktionsweisen.

Charmespiel

Menschen sind empfänglich für Komplimente und schnell bereit, positive Übertreibungen in Bezug auf ihre Person zu akzeptieren, ja, sogar offensichtliche Unwahrheiten großzügig hinzunehmen, wenn sie der Eitelkeit schmeicheln. Komplimente stimmen den Empfänger versöhnlich, freundlich, fröhlich. Die Kunst besteht darin, sie richtig anzuwenden. Macht man es nämlich falsch, also plump oder übertreibt es gar bis zur Heuchelei, verpufft die Wirkung und schlägt schnell ins Gegenteil um. Beide Spielarten, das gekonnte Kompliment und die nach hinten losgehende Lobhudelei, lassen sich im Berufsleben immer wieder beobachten, denn die sozialen Beziehungen in Unternehmen sind zu einem erheblichen Teil davon geprägt.

Konzentrieren wir unsere Beobachtungen zunächst auf die gekonnte Variante: das rechte Wort zur rechten Zeit. Könner auf diesem Gebiet sind z. B. gute Verkäufer und Berater. Sie sind glaubwürdig und authentisch. Sie verstehen es, zuerst eine gute Beziehungsebene zu ihrem Gegenüber aufzubauen, ihn offen zu begrüßen und sehr schnell ein Thema zu finden, über das der Gesprächspartner gerne spricht: Kleidung (schöne Krawatte, schönes Kleid ...), Aussehen (waren Sie in Urlaub, Sie sehen blendend aus ...), Auto (wie sind Sie damit zufrieden ...). Aber auch das Wetter oder aktuelle Ereignisse (guten Flug gehabt?) werden von diesen Zeitgenossen auf elegante, charmante Weise angesprochen. Es sind banale Themen, gewiss. Die Kunst besteht eben nicht darin, besonders originell oder gebildet zu erscheinen und klug daherzureden, sondern darin, die Befindlichkeit des Gegenübers schnell zu erfassen und ihn ein wenig zu umschmeicheln. Das schafft eine gute Basis für den Verlauf des Gespräches, in dem der Schmeichler etwas erreichen will: dem Umschmeichelten eine Zustimmung abzuringen. Dazu muss er den Widerstand des Umschmeichelten überwinden, und das gelingt – im Anschluss an die elegante Eröffnung – durch Hartnäckigkeit.

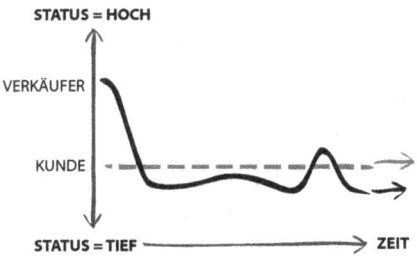

Versuchen Sie es selbst. Überreden Sie jemanden zu etwas, das er nicht unbedingt tun will. Eine kleine, unbedeutende Sache, nichts Großes. Bitten Sie einen Kollegen, mit Ihnen den Parkplatz zu tauschen, oder laden Sie ihn ein, ein neues Restaurant für das Mittagessen auszuprobieren, oder schlagen Sie eine neue Sitzordnung für das regelmäßige Meeting vor. In jedem dieser Beispiele und allen Fällen, die Ihnen selbst einfallen, werden Sie feststellen, dass Sie erstens höflich sein müssen und zweitens hartnäckig – unter Beibehaltung der Höflichkeit. Sie werden vielleicht mehrere Tage oder Wochen immer wieder mal von dem Thema anfangen müssen, bis Sie Ihr Ziel erreicht haben, und immer wieder werden Sie nach dem gleichen Prinzip verfahren müssen: höflich und hartnäckig. Ihr Anliegen darf dem anderen dabei nicht auf die Nerven gehen. Hier wird deutlich, ob Sie ausreichend Gespür für die Befindlichkeit Ihres Gegenübers mitbringen oder ob Sie es noch trainieren müssen.

Es ist ein Status-Spiel, das Sie zwingt, innen hoch und außen tief zu spielen, ohne es zu übertreiben, denn ein wenig Vorsicht ist durchaus geboten: Sobald man sich verrennt, geht es schief. Versuchen Sie nicht, Ihr Ziel um jeden Preis durchzusetzen. Finden Sie heraus, wie weit sie gehen können, und akzeptieren Sie die Grenzen, an die Sie stoßen. Kommen Sie später noch einmal darauf zurück, nach ein paar Tagen oder vielleicht erst nach Wochen, entsprechend der Veränderung, die Sie durchsetzen wollen. Je größer sie ist, desto härter wird der Widerstand sein. Doch ganz gleich, wie lange es dauert, Sie akzeptieren eine Weigerung, ein Nein, nur im äußeren Spiel. Innerlich blieben Sie entschlossen, Ihr Ziel weiterzuverfolgen. Sie müssen nicht gewinnen. Sie sollten aber das Motto vom Anfang dieses Kapitels im Gedächtnis behalten:

> Es gibt mehr Leute, die kapitulieren,
> als solche, die scheitern.

Jede Veränderung braucht Zeit, und jeder Mensch braucht seine ganz eigene, spezielle Zeitspanne, um sich mit neuen Gedanken, neuen Gewohnheiten, neuen Denkansätzen, neuen Prinzipien, neuen Arbeitsabläufen vertraut zu machen. Deshalb ist die wesentlichste Voraussetzung für ein erfolgreiches Charmespiel das Erkennen der Grenzen. Sie sind bei jedem Menschen anders, und die Aufgabe besteht darin, die Sensibilität für die unterschiedliche Flexibilität Ihrer Kolleginnen und Kollegen zu verfeinern.

Antwortspiel

Wer nicht gut auf einen anderen zu sprechen ist, der nutzt gerne das Antwortspiel: bewusstes Ignorieren. Man antwortet nicht oder verspätet oder sehr knapp. Es ist eine Form der Bestrafung, in die wir uns manchmal gerne spontan hineinsteigern: »Mit dem red' ich nicht. Der kann mich mal. Der soll bloß nicht nochmal ankommen und was wollen...«

Dem gleichen Mechanismus begegnen wir im Arbeitsalltag bei vielen Gelegenheiten, die emotional recht unterschiedlich belastet sein können; manchmal stark und manchmal nur für kurze Momente.

Szene:

Sie erhalten eine E-Mail. Der Mensch, der sie geschickt hat, ist Ihnen mehr oder weniger gleichgültig. Wann antworten Sie?

Die gleiche E-Mail erhalten Sie von einer attraktiven Kollegin, einem attraktiven Kollegen, einem Mitarbeiter, dessen Gegenwart Sie schätzen, also von jemandem, der Ihnen sympathisch ist. Wann beantworten Sie die E-Mail?

Die gleiche E-Mail erhalten Sie von einer Person, die Ihnen unsympathisch ist. Die unsympathische Person ist ein Vorgesetzter. Wann antworten Sie?

Sie können an Ihrem eigenen Verhalten gut beobachten, dass und wie das Antwortspiel funktioniert. Sie spielen es selbst, unwillkürlich und gar nicht so selten, mit E-Mails und am Telefon: Wen rufe ich wann zurück?

Es handelt sich dabei keineswegs nur um die Vermeidung unliebsamer Tätigkeiten. Diese Komponente spielt bei der Verzögerung von Antworten zwar durchaus eine wichtige Rolle, aber darum geht es nicht allein. Der Status spricht fast immer ein Wörtchen mit, auch in diesem Fall:

Szene:
Ein Kunde will mit Ihnen ein Gespräch führen. Ein Gesprächstermin wird vereinbart. Kurz vor dem anberaumten Termin erhalten Sie von der Sekretärin des Kunden eine E-Mail: Sehr geehrter Herr bzw. sehr geehrte Frau XY, Sie hatten um einen Gesprächstermin gebeten. Wir müssen diesen Termin leider verschieben.

Diese wenigen Zeilen drehen das Statusverhältnis um: Jetzt sind plötzlich Sie es, der um einen Termin gebeten hat und damit sind Sie zwangsläufig in die tiefere Position gerutscht.

Das Antwortspiel lässt sich noch weitertreiben, viel weiter sogar. Es geschieht Tag für Tag in vielen Unternehmen.

Szene:
Die Personen: Chef A, Sekretärin A, Chef B, Sekretärin B.
Situation: Chef A will Chef B sprechen.
Sekretärin A ruft bei Sekretärin B an und teilt den Wunsch ihres Chefs mit.
Sekretärin B kündigt Chef B den Gesprächswunsch von Chef A an.
B ist für A zu sprechen.
Wenn Sekretärin B ihren Chef jetzt durchstellt und Sekretärin A das Gleiche getan hat, sind Chef A und Chef B miteinander verbunden.

Wenn aber eine der beiden Sekretärinnen ein Status-Spiel spielt, kann es kompliziert werden.

Variation 1:

Sekretärin B stellt zu Chef B durch.

Sekretärin A aber stellt *nicht* zu Chef A durch, sondern spricht mit Chef B und sagt ihm, dass Chef A ihn sprechen will.

Damit hat Sekretärin A einen höheren Status als Sekretärin B, denn sie hat mit beiden Chefs gesprochen.

Es geht aber auch komplizierter.

Variation 2:

Gleiche Ausgangssituation: Sekretärin A sagt Sekretärin B, dass Chef A Chef B sprechen will.

Sekretärin B antwortet Sekretärin A, sie werde sich darum kümmern und zurückrufen. Dann legt sie auf.

Kurz darauf meldet sie sich wieder und sagt Sekretärin A, Chef B würde jetzt gerne mit Chef A verbunden werden.

Sekretärin A stellt zu Chef A durch. Sekretärin B hat es geschafft, die Status-Höhere zu sein.

Variation 3:

Sekretärin A wittert den möglichen Status-Verlust, der in Variation 2 droht, und sagt, jetzt gehe es gerade nicht, ihr Chef sei beschäftigt. Sie werde zurückrufen. Nun ist sie wieder die Status-Höhere.

Wenn beide Sekretärinnen auf diese Weise um ihren Status rangeln, besteht durchaus die Möglichkeit, dass die Chefs lange nicht miteinander sprechen werden. Und dieses Spiel ist keineswegs auf Sekretärinnen beschränkt. In vielen Unternehmen basiert ein erheblicher Teil der Hierarchien auf solchen Antwortspielen: Man achtet sehr genau darauf, wer in welcher Reihenfolge mit wem spricht. Es ist ein mächtiges Werk ungeschriebener Regeln, das da peinlich genau eingehalten wird.

Wieso-erst-jetzt-Spiel

Mit dieser Variante macht man sich sicher keine Freunde. Es ist ein Status-Spiel mit dem Ziel, die Leistung eines anderen zu schmälern oder gar zu vernichten.

Szene:

Projektmeeting. Jemand aus dem Team hat eine Leistung erbracht, die auffällt, herausragt, gelobt wird. Der Vorgesetzte muss das zur Kenntnis nehmen und stimmt in das Lob ein: »Ja, muss ich sagen, Frau XY, gute Arbeit.« Dann eine kurze Pause und der Nachsatz: »Aber eines müssen Sie mir mal verraten: Wieso erst jetzt? Das hätte Ihnen doch auch ein paar Wochen früher einfallen können.«

Der durch die herausragende Leistung erworbene hohe Status ist auf der Stelle vernichtet, jedenfalls dann, wenn man darauf mit Erklärungen reagiert, den Vorwurf also annimmt. Die meisten Menschen tun das. Sie tun es, weil die Enttäuschung, die in diesem Augenblick entsteht, sehr groß ist. Man empfindet das Verhalten des Vorgesetzten als unfair, herabsetzend, unverschämt und reagiert mit einer Erklärung oder einer Rechtfertigung.

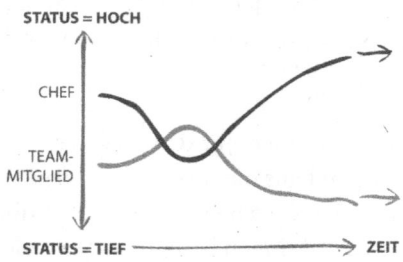

Situationen, in denen so etwas passiert, sind im Berufsleben allgegenwärtig. Personen mit hohem Status benutzen Varianten des Wieso-erst-jetzt-Spiels häufig und zielen im Kern stets auf das Gleiche: die Herabsetzung einer Person, die Herabwürdigung ihres Charakters, die Minderung ihres Wertes durch die Schmälerung ihrer Leistung.

Geben Sie – als Übung – in solch einer Situation einmal bewusst nicht Ihrer durchaus gerechtfertigten Empörung nach. Beobachten Sie stattdessen aufmerksam, wie die einzelnen Spieler agieren bzw. reagieren und welche Gefühlsregungen sich dabei beobachten lassen.

Widmen Sie Ihre Aufmerksamkeit insbesondere den Personen, die sich rechtfertigen:

Wie und weshalb gehen sie sofort in den Kampf?

Lohnt er überhaupt?

Welche Alternativen stehen zur Verfügung?

Wie lange dauert es, bis sie einem einfallen?

Wie entwickelt sich solch ein Duell?

Wie endet solch ein Duell?

Schafft der Angegriffene es, aus der Herabsetzung wieder herauszukommen und seinen ihm gebührenden Status zurückzuerlangen?

Oder bleibt er im tiefen Status? Vielleicht weil er sich auf ein Schlachtfeld begibt, auf dem er sich nicht gut auskennt?

 Das sagt der Status-Experte:
In der Schlacht Respekt gegen Sympathie gewinnt der Respekt, weil dem Hochstatus nicht wichtig ist, wie der Sieg errungen wird. Hauptsache gewinnen. Dieser Strategie etwas entgegenzusetzen ist schwer.

Ich-stell-mir-selbst-ein-Bein-Spiel

Es geht um den vermeintlichen oder tatsächlichen Umstand, dass die eigene Leistung nicht in ausreichendem Maße gesehen oder gewürdigt wird. Im Berufsleben sind Frauen aufgrund ihrer oft schlechteren Bezahlung und Stellung in den

Hierarchien anfälliger für dieses Spiel als Männer. Frauen wissen in der Regel sehr genau, was sie können und leisten, erleben aber häufig, dass sie dafür – real und nach eigenem Empfinden – nicht gerecht entlohnt werden, weder finanziell noch moralisch.

Szene:
Eine Marketing-Mitarbeiterin in einer Agentur. Sie ist gebildet, ehrgeizig, und sie leistet gute Arbeit. Sie hat das Gefühl, dass sie für ihre Leistungen nicht die entsprechende Wertschätzung erfährt. Dieser bereits seit längerer Zeit existierenden Unzufriedenheit begegnet sie mit noch einmal gesteigertem Einsatz und Engagement, getrieben von der Hoffnung, dass dieses Verhalten die anderen schließlich doch noch auf ihren wahren Wert aufmerksam machen wird.

Das zusätzliche Engagement erzeugt zusätzlichen Stress und führt sehr oft dazu, dass die Frau reizbarer wird, sich teilweise in Dinge einmischt, die über ihren Arbeitsbereich hinausgehen, und dass sie sich langsam, aber sicher an Nebensächlichkeiten immer mehr aufreibt. Bei ihren Mitarbeiterinnen und Mitarbeitern wird sie dadurch unbeliebt. Mit Leuten wie ihr will man lieber so wenig wie möglich zu tun haben. Ihr Wunsch nach höherer Wertschätzung geht also garantiert nicht in Erfüllung; im Gegenteil. Ihre Frustration wächst, und sie gerät immer tiefer in die Eigendynamik einer Spirale der Unzufriedenheit.

In ihrem Kummer und ihrer Verzweiflung kann es geschehen, dass sie die Verweigerung einer angemessenen Wertschätzung ihrer Leistungen ideologisiert, sie z. B. als typisches Hierarchieproblem brandmarkt, in dem Frauen und ihr Können grundsätzlich geringgeschätzt werden. Das kann zwar durchaus den Tatsachen entsprechen, doch es wird sie ihrem Ziel keinen Schritt näher bringen. Sie ist und bleibt unterschätzt. Ein Problem, das durchaus nicht allein für Frauen

existiert. Viele Männer in kreativen Berufen kennen es ebenfalls. Hier lautet die Ideologisierung dann z. B.: Man hält
mich hier für den ausgeflippten Künstler, den bunten Vogel;
man hat keinen Respekt vor meiner kreativen Leistung. Auch
das mag objektiv betrachtet stimmen, ruft die gewünschte Sta-
tus-Hebung aber nicht hervor, sondern behindert sie zusätzlich, denn wer will schon mit einer übelgelaunten Mitarbeite-
rin oder einem missmutigen Kreativen zusammenarbeiten?

Da Ideologisierungen nicht helfen, muss man es anders versuchen. Der Kern des Problems besteht unzweifelhaft darin,
dass man sich nicht adäquat oder falsch wahrgenommen fühlt
und deshalb Gas gibt. Also noch mehr anbietet, noch mehr tut,
noch mehr auf sich aufmerksam zu machen versucht.

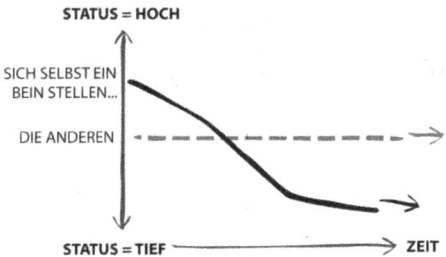

Der Status, der dahinter steht ist innen tief und außen hoch.
Man fühlt sich eher klein und versucht, groß zu wirken. Ein
Blick auf das Statusdiagramm zeigt, dass dies die ungünstigste
Position ist, um Akzeptanz und Respekt zu generieren. Je
mehr man auf der Basis dieser emotionalen Disposition unternimmt, desto tiefer rutscht man die Spirale der Unzufriedenheit hinunter, denn wer nicht gehört wird, gerät darüber mehr
und mehr in Angst und Verzweiflung.

Das Ziel, richtig gesehen und honoriert zu werden, erreicht
man viel eher, indem man sein Selbstwertgefühl verbessert.
Die Frage lautet also: Wie schaffe ich es, ein besseres Gefühl

für mich selbst zu entwickeln, mich weniger abhängig von der Beurteilung anderer zu machen?

Solange ich mich in meinem Selbstwertgefühl ausschließlich auf andere beziehe, kann ich nicht gewinnen, denn ich bleibe zu 100 Prozent abhängig von deren Launen und Urteilen. Erst wenn ich mich darauf besinne, dass ich sehr gut selber weiß, was ich kann, wird es gelingen, die eigene Leistung angemessen zu honorieren – durch mich selbst. Wenn das geschieht, sieht die Sache anders aus, denn dann ist schon mal der Erste da, der mich richtig sieht und wertschätzt. Die anderen werden früher oder später folgen, denn man strahlt sie aus, die eigene Wertschätzung.

 Das sagt der Status-Experte:
Der erste Ansprechpartner für Wertschätzung bin ich selbst: Ich weiß, was ich kann. Ich muss es den anderen *nicht* beweisen.
Die Konzentration auf diese Haltung erzeugt genau die Attraktivität, aus der die Wertschätzung der anderen schließlich folgt.

Chefspiel

Wer ist der Boss? Sehen Sie sich in Ihrer eigenen Firma oder in einer anderen, in der Sie zu tun haben, einmal um: bei Konferenzen, Besprechungen, Meetings etc. Das Spiel funktioniert auch in Kantinen oder bei Empfängen. Sobald mehrere Personen zusammenfinden, lässt sich innerhalb weniger Augenblicke feststellen, wer der Chef ist. Die Blicke der Beteiligten suchen das Alpha-Tier. Derjenige, den die meisten Personen ansehen, ist in aller Regel der Boss. Wie schafft er das? Was tut er, damit alle anderen ihn als Nr. 1 erkennen und akzeptieren?

Man versteht es, wenn man beobachtet, wie diese Menschen einen Raum betreten, auf andere zugehen, wem sie sich zuwenden, wen sie ignorieren, wie sie schauen, wie sie zuhören. Chefs senden mittels Körpersprache eine Fülle statushoher Signale aus und wenden sich immer den Personen zu, die das Gleiche tun, selbstverständlich eine Idee statustiefer als sie selbst. Gleichzeitig werden Personen, die in ihrer Körpersprache in der Mehrzahl tiefe Status-Gesten zeigen, ignoriert.

Wenn Sie das Chefspiel eine Zeitlang beobachtet haben, werden Sie sich möglicherweise fragen, ob Sie das nicht auch können. Sie können! Es ist – theoretisch – gar nicht so schwer. Die eigentliche Frage aber lautet: Wollen Sie das auch? Das Wesen des gekonnten Status-Spiels besteht ja nicht in der Nachahmung oder technischen Ausführung von Hochstatus-Gesten, sondern darin, authentisch zu sein. Die Gesten und Verhaltensweisen einfach nur nachzuspielen wird Sie weder glücklich noch erfolgreich machen. Der Erfolg des Hochstatus besteht allein darin, den hohen Status tatsächlich zu wollen und die damit verbundenen Konsequenzen nicht zu scheuen: viel Respekt, wenig Sympathie.

Lächelspiel(e)
1. Freundliches Lächeln

Lächeln hilft. Sehr sogar. Es entspannt viele Situationen. Lächeln senkt aber häufig den Status. Das ist einer der Gründe, weshalb heute viele Menschen großen Wert darauf legen, cool zu wirken. Sie halten es für sinnvoll, abweisend zu schauen, denn wer freundlich ist, wirkt nicht unbedingt kompetent und schon gar nicht durchsetzungsfähig.

Mitunter wird Lächeln auch als der aktuellen Situation nicht angemessen empfunden. Dann heißt es möglicherweise: »Dieser Mensch ist sehr nett. Ich glaube aber nicht, dass er wirklich viel von der Sache versteht...« Kennen Sie nette Menschen, denen man nicht besonders viel zutraut?

Ganz besonders statussenkend sind Kombinationen wie freundlich lächeln und für andere Kaffee kochen. Oder wenn man z. B. neu in einem Unternehmen ist, *jeden* freundlich anlächeln. Das kann schnell dazu führen, dass man nicht für voll genommen wird.

Selbstverständlich gilt das nicht immer und ausschließlich. Man kann auch nett sein und dennoch respektiert werden. Das ist aber nicht die Regel, sondern eher die Ausnahme. Stellen Sie sich vor was passiert, wenn die immer freundlich lächelnde Empfangsdame einmal schlechte Laune hat und an diesem speziellen Tag vermehrt Hochstatus-Verhalten zeigt. Sie agiert knapp, streng, ungeduldig, wenig hilfsbereit. Sie ist dabei nicht wirklich unfreundlich, aber eben auch nicht freundlich, verbindlich, zuvorkommend. Würde ihr das jemand zugestehen und denken: »Sie weiß sich heute aber durchzusetzen.«? Oder würde man denken: »Was ist denn mit der los? Die überschreitet ihre Kompetenzen aber gehörig.«

2. Falsches Lächeln

Von großer Bedeutung ist, ob ein Lächeln gewinnend oder mechanisch ist. Der Unterschied ist häufig nicht leicht auszumachen. Viele Menschen, die zum ersten Mal in die USA reisen, erzählen später, die Menschen dort seien sehr nett, die Bedienung, z. B. in den Restaurants, sei sehr zuvorkommend und freundlich. Das ist ein Irrtum. Das Lächeln in Amerika ist häufig aufgesetzt. Man erkennt es unter anderem daran, dass die Mundwinkel nach oben zeigen, als seien sie dort festgetackert. Es wirkt auf den ersten Blick freundlich, wenn man aber genauer hinschaut, ist es nicht gewinnend, sondern starr oder gar kalt. Wirklich überzeugen kann ein Lächeln nur, wenn es authentisch ist. Das lässt sich weniger an der Stellung der Mundwinkel als an den Augen ablesen. Nur wenn die Augen mitlächeln, ist es echt. Andernfalls handelt es sich um eine Maske.

Versuchen Sie diese beiden Formen des Lächelns zu unterscheiden und zu deuten, um dann herauszufinden, wann ein

Lächeln den Status hebt und wann es ihn senkt. Seien Sie nicht selbst die Versuchsperson, sondern beobachten Sie ihre Mitmenschen. Und dann lächeln Sie still in sich hinein, wenn Sie das Spiel erkennen und zu deuten verstehen …

3. Hinterhältiges Lächeln
Nicht zu verwechseln mit dem überheblichen Lächeln. Letzteres erkennt man leicht. Das hinterhältige Lächeln hingegen ist nicht immer einfach zu durchschauen, zumindest dann nicht, wenn ein Könner es anwendet; jemand, der einen um den Finger zu wickeln versteht oder einen hintergeht, ohne dass man das zunächst bemerkt: »Nicht wahr, Frau XY, wir beide wissen doch, wie wichtig das ist. Wir haben in der Vergangenheit doch immer gut zusammengearbeitet.« Schauen Sie dem Lächler in die Augen. Dort ist zu sehen, was sein Lächeln bedeutet. Manchmal nur dort.

Wertschätzungsspiel
Die hohe Form des positiven Status-Spiels ist die Wertschätzung. Unternehmen, in denen Vorgesetzte es schaffen, ihre Mitarbeiter wertzuschätzen und sie das wissen zu lassen, sind nachweislich erfolgreicher als Unternehmen, in denen Status-Spiele vornehmlich gespielt werden, um interne Rangfolgen immer wieder neu festzulegen. Solange nämlich jeder nur für sich, seine Position und seine Karriere kämpft, bleibt das große Ganze auf der Strecke. Erst wenn die Energien gebündelt sind, wenn alle an einem Strang ziehen und sich gegenseitig unterstützen, entsteht mehr als die Summe der Einzelteile. Der Weg dorthin führt über die gegenseitige Wertschätzung im Team. Wenn jeder, ganz gleich welche Aufgabe er erfüllt und welchen Status er hat, Anerkennung für gute Leistung erfährt, wird er auch sein Bestes geben.

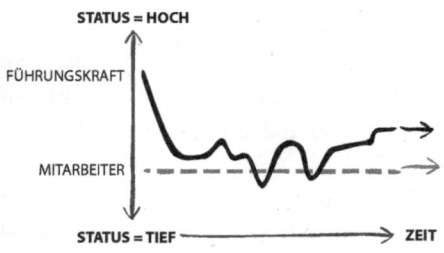

Die Wertschätzung sollte idealerweise von den Führungskräften im Unternehmen ausgehen. Man trifft solch eine idealtypische Situation gelegentlich in mittelständischen, inhabergeführten Unternehmen, wenn die geschäftsführenden Inhaber relativ jung sind und nach Möglichkeit das Unternehmen nicht vom Vater übernommen, sondern selbst aufgebaut haben. Der Kern des Wertschätzungsspiels ist die Fähigkeit, vom hohen Status aus die Leistung aller Mitarbeiter neidlos anzuerkennen und nicht zu fürchten, es könne einem ein Zacken aus der Chef-Krone fallen.

 Das sagt der Status-Experte:
Gute Führungskräfte sind Status-Artisten.

Beobachten lassen sich Wertschätzungsspiele auf ganz unterschiedlichem Niveau, je nachdem, wie die Kultur eines Unternehmens ausgerichtet ist. Wenn die Chefs das Spiel nicht beherrschen, wird es in der Firma nur sehr wenig gespielt. Dann ist man gezwungen, die negative Variante zu beobachten: Wann und wie könnten Kolleginnen und Kollegen Hilfe gebrauchen, und weshalb erhalten sie sie nicht?

Haben Sie hingegen das Glück, in einem Unternehmen zu arbeiten, in dem Wertschätzung eine wichtige Rolle spielt, dann schätzen Sie sich glücklich und beobachten Sie, wie Ihre Kolleginnen und Kollegen jeden Tag von neuem daran arbeiten, sich gegenseitig zu unterstützen.

Neben der Beobachtung all dessen, was gut funktioniert, lohnt hier ganz sicher auch der Blick auf Situationen oder Zusammenhänge, in denen das Spiel nicht funktioniert – denn auch die gibt es in gut funktionierenden Unternehmen.

Verkäuferspiel 1 – der Arrogante

Sie betreten ein Geschäft für gehobene Ansprüche. Sie sind auf eine Weise gekleidet, die Sie nicht eindeutig als zugehörig zur Kundenschicht ausweist, vielleicht sogar auf eine Weise, die klar nicht ins Schema passt. Ihr Erscheinen erzeugt eine Irritation und der Verkäufer oder die Verkäuferin reagiert darauf mit einer distanzierten Haltung: Sie sind nicht willkommen, und das wird vom ersten Augenblick an signalisiert. Sie erleben Folgendes: Man spricht Sie nicht an, kümmert sich nicht um Sie, schenkt Ihnen keine Aufmerksamkeit. Wenden Sie sich nach einiger Zeit aktiv an einen Verkäufer/eine Verkäuferin, treffen Sie auf eine abweisende, arrogante Haltung. Man will sich offensichtlich nicht mit Ihnen beschäftigen, gibt sich wortkarg, hat keine Zeit, lässt Sie stehen.

Wenn Sie jetzt eine Probefahrt mit einem Luxusauto oder die Anprobe eines teuren Kleidungsstücks erbitten, wird man Ihnen wahrscheinlich sagen, dass das leider nicht möglich ist. Bestehen Sie auf Ihrem Ansinnen, bekommen Sie vielleicht zu hören, man könne sich beim besten Willen nicht vorstellen, dass Sie sich die Sachen überhaupt leisten können.

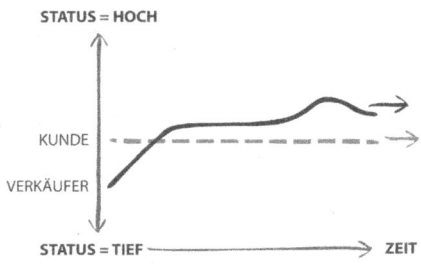

Dieses Verhalten ist unprofessionell. Verkäuferinnen bzw. Verkäufer sind für solche Situationen häufig nicht geschult oder verfügen über zu geringe Erfahrung. Es gibt kein inneres Konzept, weder dafür, *was* zu tun ist, noch *wie* gehandelt werden soll. Folglich setzt automatisch das schematische Verhalten ein: äußerer Hochstatus bei innerem Tiefstatus. Damit entsteht für Verkäufer allerdings ein Problem von besonderer Brisanz: Die Kontaktaufnahme ist gestört. Eine sehr ungünstige Ausgangssituation für jede nachfolgende Aktion. Es ist ja möglich, dass der Mensch in dem Geschäft wirklich nichts verloren hat. Dann muss man ihn loswerden, damit er einem nicht die Zeit stiehlt. Es kann aber auch sein, dass er durchaus, obwohl falsch gekleidet, ein interessanter Kunde wäre. Das herauszufinden ist durch das arrogante Verhalten jedoch nicht möglich, und so entsteht ein in jedem Fall unerfreulicher Ablauf der Ereignisse.

Gute Verkäufer reagieren souveräner: Sie geben dem Kunden das Gefühl, willkommen zu sein, auch, wenn er sich offensichtlich verlaufen hat.

Verkäuferspiel 2 – Der Kundenversteher
Ein Kunde betritt ein Schuhgeschäft. Der Verkäufer ist gerade mit einem anderen Kunden beschäftigt. Der neue Kunde signalisiert Ungeduld. Als der Verkäufer wieder frei ist und sich ihm zuwendet, tritt der Kunde forsch, fast barsch auf und beklagt sich darüber, dass zu wenig Personal im Laden ist. Er habe lange warten müssen, da sei die Konkurrenz aber mehr auf Zack. Der Verkäufer geht ob dieser offen und grimmig signalisierten Unzufriedenheit des Kunden sofort in den tiefen Status: Er bittet um Entschuldigung, dokumentiert Verständnis für die Situation des Kunden, verspricht, dass so etwas nicht wieder vorkommen wird, und fragt schließlich, was er für den Kunden tun kann.

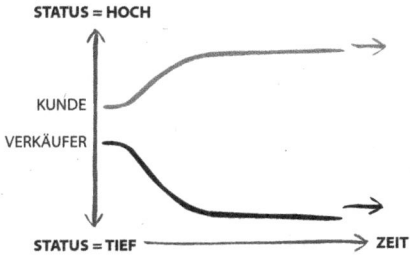

STATUS = HOCH

KUNDE

VERKÄUFER

STATUS = TIEF ————————→ ZEIT

Der bleibt weiter bei seiner ruppigen Art. Der Verkäufer lässt sich dadurch verunsichern und versucht, die Laune des Kunden zu bessern. Er redet ihm nach dem Mund und gerät dadurch schnell in eine sehr tiefe Status-Position. Das Anprobieren der ausgewählten Schuhe gerät zu einem mittleren Fiasko; dieser Schuh drückt hier und jener dort. Die Klagen des Kunden haben einen vorwurfsvollen Unterton. Der Verkäufer entschuldigt sich und versucht erneut zu beschwichtigen.

Eine Verkaufsstrategie, die zur Liebedienerei gerät, kann jedoch nicht funktionieren. Das Status-Gefälle ist zu groß und die notwendige Spannung zwischen den beiden Status-Spielern zu gering. Der Kunde nimmt den Verkäufer nicht ernst und wartet nur darauf, weitere Attacken reiten zu können. Das wird nicht einmal besonders schwierig sein, denn der Verkäufer macht in seiner Verunsicherung immer wieder neue Status-Fehler. Der Kunde kauft nicht, will es sich lieber noch einmal überlegen. Der Verkäufer ist einverstanden und freut sich darauf, den Kunden bald wieder im Geschäft begrüßen zu dürfen. Seine offensichtliche Abschlussschwäche kaschiert er nach dem Motto: »Mir ist lieber, der Kunde kauft nichts, kommt aber gerne wieder.«

Das sagt der Status-Experte:
Die Kunst des Verkaufens besteht darin, tief zu spielen
und im entscheidenden Moment in den hohen Status zu
wechseln – um anschließend wieder tief zu spielen.

Ehrerbietungsspiel

Kleine Aufmerksamkeiten erhalten die Freundschaft und können große Veränderungen bewirken. Das Ehrerbietungsspiel
ist eine Methode, die andere in den höheren Status hebt. Auch
hier kommt es auf die Feinheit und Nuancierung an. Erfolgt
die Ehrerbietung unterwürfig, wird sie als geheuchelt empfunden und setzt den Geehrten nicht in den höheren Status, sondern den Ehrenden in einen sehr tiefen; er wird zum Kriecher.

Die negative Auswirkung einer falschen Ehrerbietung kann
so fatal sein, dass sie sogar den Geehrten befleckt, denn was
bringt schon zweifelhafte Ehre oder Lob von der falschen Seite – außer Spott?

Ist die Ehrerbietung hingegen aufrichtig, bildet sie eine ge-
steigerte Form der Wertschätzung. Sie wird Personen zuteil,
die als Honoratioren bezeichnet werden, als Ehrwürdige, der
Ehre Würdige.

Im interaktiven Status-Spiel sind Ämter, Posten oder Geld-
vermögen, die klassischen Faktoren für offiziell anerkannte
Ehrwürdigkeit, von untergeordneter Bedeutung. Entscheidend
ist vielmehr die ehrenwerte Persönlichkeit und ihre Leistungen.
Man ehrt jemanden für das, was er ist und tut, und hebt damit
seinen Status über den eigenen. Es ist ein gutes Gefühl für beide
Seiten; für den, der die Ehre empfängt, und für den, der sie er-
weist, immer vorausgesetzt, dass der Vorgang stimmig ist, also
authentisch, und somit Wohlklang erzeugt.

Die korrekte bzw. gekonnte Ehrerbietung muss still und be-
scheiden erfolgen. Wird sie an die große Glocke gehängt, ist
sie dem Geehrten schnell peinlich und bringt für den Status
keinen Gewinn. Der Geehrte ist dann schnell bereit, seine

Leistung selbst zu schmälern: »Ist doch selbstverständlich, hab ich doch gerne gemacht.« Oder er versinkt einfach im Boden und hofft, die Zeremonie, und sei sie auch noch so klein, möge bald vorüber sein. Zu laute oder unbescheidene Ehrerbietungen geraten mitunter eher zu Demütigung und verwandeln sich im Handumdrehen vom Status-Heber zum Fahrstuhl in den Status-Keller. Um jemandem würdevoll die Ehre zu erweisen, bedarf es einer gewissen Sensibilität und einer zumindest grundlegenden Kenntnis von Ritualen.

Szene:
Ein Besucher hatte eine Unterredung mit dem Vorstand eines Unternehmens. Am Ende der Besprechung begleitet der Vorstandsvorsitzende den Besucher zum Fahrstuhl und verabschiedet sich erst unmittelbar bevor der Besucher den Fahrstuhl betritt. Dann begibt er sich zurück in sein Büro.

Die Szene wurde von der Sekretärin genau beobachtet, und sie ruft jetzt, während der Besucher sich noch im Fahrstuhl befindet, alle Personen im Unternehmen an, mit denen der Besucher im weiteren Verlauf Kontakt haben wird. Sie alle werden über die Tatsache informiert, dass der oberste Chef den Besucher zum Fahrstuhl begleitet hat. Es ist eine Ehrerbietung von großer Bedeutung. Sie verleiht einen hohen Status, und der Besucher wird ihn bei allen Mitarbeitern des Unternehmens spüren.

Es sind in erster Linie die kleinen, authentischen Gesten der Ehrerbietung, die im Status-Spiel wirken. Sie im Alltag ausfindig zu machen kann ein wenig Übung erfordern, denn sie sind, wie gesagt, klein, unauffällig, nicht an die große Glocke gehängt, nur für den Empfänger bestimmt. Da sie im Berufsalltag jedoch häufig vorkommen – ein beträchtlicher Teil unseres Sozialverhaltens ist davon geprägt –, lassen sie sich bald erkennen. Interessant ist, neben der aufrichtigen Ehrerbietung auch die Spielarten ungeschickt erwiesener Ehre und die Verweigerung der Ehrerbietung zu studieren. Ein reiches Repertoire von Freude, Peinlichkeit und Empörung wartet auf den aufmerksamen Beobachter.

Schmerzlich kann es werden, wenn Ehre nicht erwiesen oder gar verweigert wird. In vielen Kulturen zieht eine Ehrverletzung oft tragische, ja barbarische Konsequenzen nach sich. Man denke in diesem Zusammenhang nur an das Phänomen der Ehrenmorde.

Opferspiel auf hohem Niveau

Innen tief und außen tief – und dennoch macht hier jemand Karriere. Die Rede ist von einem Manager in mittlerer Position, den man meist in einem größeren Familienunternehmen antrifft und der den Ausputzer für den Inhaber spielt: als Seelen- und Status-Wächter. Er nimmt stets alle Schuld auf sich und hält Ungemach von Chef fern. Im Unternehmen genießt er, trotz des permanent produzierten doppelten Tiefstatus gegenüber dem Besitzer, hohen Respekt, denn er weilt nahe der Macht: beim Boss, der ohne »ihn« – und nicht selten auch »sie« – gar nicht klarkäme. Alle Launen, alle Wehwehchen, alle Zipperlein und Wutausbrüche, Tobsuchtsanfälle und Ungerechtigkeiten des Chefs werden ausgebadet, ausgehalten, ausgeglichen. Die klaglose Erledigung dieser kummervollen Sozialhygiene stabilisiert die Nähe zur Macht. Der hohe Status wird somit auf recht verschlungenem Weg errungen.

Misserfolgsvermeiderspiel

Viel Leid, Stress und Frustration verantwortet eine spezielle Form der Bedenkenträgerei, die vor allem ein Interesse verfolgt: »Ich war's nicht. Ich hab damit nichts zu tun.«

Was immer schiefgehen könnte, diese Personen wissen es: »Ich hab's kommen sehen. Ich hätte was sagen können, aber mich fragt ja niemand.«

Profis der Misserfolgsvermeidung verbringen bis zu 80 Prozent ihrer Arbeitszeit mit dem Zusammentragen und Abheften von Beweisen, dass sie unschuldig sind, lange bevor überhaupt etwas passiert ist. So können sie selbst dann, wenn Projekte und Arbeiten erfolgreich verlaufen sind, beweisen, dass sie nichts dafür gekonnt hätten, wenn etwas schiefgegangen wäre.

Je nach Unternehmensstruktur und -kultur unterstützt und befördert diese Methode manche Karriere: Man macht keine eigenen Vorschläge. Könnte man schon, doch es gibt schwerwiegende Hindernisse; keine Zeit, wichtige Termine, zu viele andere, bedeutendere Aufgaben, die warten. Tätigkeiten, die ein potenzielles Risiko bergen, werden tunlichst an Mitarbeiter delegiert. Geht es schief, ist der andere schuld, geht es gut, wird man schon einen Weg finden, den Erfolg für sich selbst zu verbuchen, zumindest daran zu partizipieren. Beherrschen diese Zeitgenossen neben der Misserfolgsvermeidung auch das Antwortspiel, sind sie für das gemächliche Erklimmen einer Beförderungsleiter bestens gerüstet: Sie allein berichten nach oben; natürlich immer so, dass sie dabei gut aussehen oder, falls es notwendig sein sollte, darauf verweisen können: »Ich war's nicht.«

Luftleutespiel – Szene:
Montagsmeeting. Die kommende Woche wird besprochen, anstehende Aufgaben werden zugewiesen, aktuelle Projekte geplant, Probleme analysiert. Die meisten Themen laufen wie immer, und es reden auch, wie immer, die gleichen Leute zu den gleichen Themen. Zudem schweigen, wie immer, die gleichen Leute zu den gleichen Themen, und einige schweigen, wie immer, grundsätzlich. Nicht aus Vorsatz oder als Boykott, sondern einfach, weil sie ruhigere, stillere Typen sind, schüchtern oder gar eingeschüchtert von der Wortgewalt derer, die immer reden.

Einen dieser Schüchternen kennen Sie. Sie arbeiten mit dieser Person im gleichen Team. Als ein etwas komplexeres Problem zur Sprache kommt, reden natürlich zunächst wieder die üblichen Kandidaten. Dann meldet sich die schüchterne Person zu Wort und sagt etwas. Kurz darauf wird sie von einem der Vielredner unterbrochen. Er hat nicht verstanden, was die schüchterne Person sagen wollte, weil er ihr zu früh ins Wort gefallen ist, nimmt aber ein Stichwort aus ihrer Rede auf und spricht schon bald wieder über eines seiner Lieblingsthemen.

Sie selbst wissen, weil sie mit der schüchternen Person schon mehrfach über dieses Problem gesprochen haben, dass sie etwas Wesentliches zum Thema beizutragen hat. Sie machen ihr Mut, sich noch einmal zu Wort zu melden. Sie tut es und wird kurz darauf wieder unterbrochen. Die Wahrscheinlichkeit, dass sie sich jetzt noch ein weiteres Mal vorwagt, ist ziemlich gering.

Von vorrangigem Interesse an diesem Beispiel ist für uns, wie dieser Mechanismus des Luftleutespiels funktioniert: Personen, denen andere ständig ins Wort fallen.

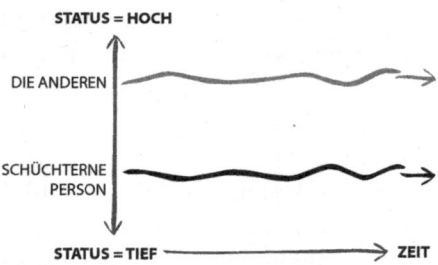

Abgesehen davon, dass das ganz schlechter Stil ist und von einer wenig sinnvollen Kommunikationskultur zeugt, passiert es uns allen durchaus selbst, dass wir andere gelegentlich unterbrechen. Fatal ist das für Menschen, die ständig unterbrochen werden und dadurch dauerhaft nicht in der Lage sind, sich verständlich zu machen.

Beobachten Sie diese Menschen. Achten Sie auf ihre Körpersprache. Sie werden schnell feststellen, dass sie sich häufig ins Gesicht und an den Kopf fassen. Sie halten z. B. einen oder mehrere Finger vor den Mund, bevor sie reden, sprechen zu schnell, beißen sich auf die Lippe, kratzen sich am Kopf, halten ihn schief, verhaspeln sich usw. Es ist ein bunter Reigen von Tiefstatus-Gesten in allen erdenklichen Kombinationen, der bewirkt, dass sie nicht ernst genommen werden.

Diese Menschen stellen ihr Dilemma aufgrund ihres Status-Verhaltens zu einem hohen Prozentsatz selbst her, denn ihre Gesten sind so eindeutig und folgenschwer, dass sie ihre volle Wirkung bereits entfaltet haben, bevor sie ihre Inhalte zu kommunizieren beginnen. Luftleute dringen mit dem, *was* sie zu sagen haben, nicht vor, weil die Art, *wie* sie es sagen, inakzeptabel ist und folglich von anderen tatsächlich auch nicht akzeptiert wird. Sie verletzen eine fundamentale Grundregel des Status-Spiels: Wenn du etwas zu sagen hast, sage es so, dass die anderen es hören und akzeptieren können.

Die Beobachtung des Luftleutespiels ist besonders aufschlussreich für das Verständnis der Macht von Statusgesten. Sobald wir damit konfrontiert werden, reagieren wir zwangsläufig und nach einem ziemlich fest gefügten Schema.

Tiefstatus-Gesten: kein Respekt

Hochstatus-Gesten: viel Respekt

Es ist beinahe erschreckend, wie automatisch das funktioniert und abläuft.

 Das sagt der Status-Experte:
Wie man in den Wald hineinruft, so schallt es heraus.

Präsentationsspiel – Szene:
Sie müssen einen Vortrag oder eine Präsentation halten. Vor einem großen Publikum. 400 Personen. Sie werden auf einer Bühne stehen. Von einem Scheinwerfer angestrahlt. Der Vorstand Ihres Unternehmens wird anwesend sein. Was ist Ihr erster Impuls?

Toll. Großes Publikum. Ich werde sie euphorisieren. Ich werde den Saal zum Kochen bringen. Ich freue mich, mal wieder ein paar meiner liebsten Gags in die Präsentation einzubauen …

Oder: Bitte nicht. Das kann ich nicht. Ich werde verrückt vor Aufregung und Lampenfieber. Ich werde stammeln und stottern. Ich werde sterben.

Um es gleich zu vorweg zu sagen: Die erste Reaktion ist selten. Sollte sie Ihnen vertraut sein, können Sie durchaus darüber nachdenken, Ihren Beruf noch einmal zu wechseln und einen suchen, der Sie auf einer Bühne agieren lässt – Theater, Fernsehen, Moderation. Ihre Begeisterung und Unerschrockenheit in Sachen Auftritt vor Publikum ist nicht alltäglich.

Für alle anderen, die bei dem Gedanken an solch eine Präsentation eher an Flucht denken, gilt: Sie sind in guter Gesellschaft. Selbst Mick Jagger, dem das mittlerweile nun wirklich nichts mehr ausmachen sollte, hat vor jedem Auftritt immer noch Lampenfieber. Und von so berühmten Pianisten wie Frédéric Chopin, Vladimir Horowitz oder Keith Jarrett ist bekannt, dass sie jahrzehntelang überhaupt nicht aufgetreten sind, weil das Lampenfieber sie förmlich aufgefressen und fast in den Wahnsinn getrieben hat.

Wenn Sie also auf eine Bühne müssen, ohne dass das zu ihren bevorzugten Tätigkeiten gehört, beginnt Ihr Problem wahrscheinlich nicht erst bei einem Auditorium von 400 Personen, sondern bereits bei einer kleinen Präsentation im Kreis der Kollegen, auf einer Tagung beispielsweise. Vor zehn Personen vielleicht. Oder acht. Sie fürchten, kein Wort herauszubringen und sich abgrundtief zu blamieren.

Sie können davon ausgehen, dass Sie nicht allein sind. Es geht fast jedem so, auch nahezu jedem, vor dem Sie den Vortrag halten, ganz gleich wie groß oder klein Ihr Publikum ist. Nutzen Sie dieses Wissen: Fast jeder hat diese Ängste!

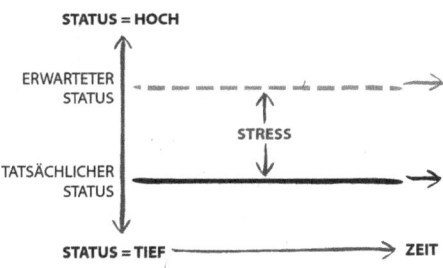

Eine gute Methode zur Selbstberuhigung besteht darin, andere bei ihren Auftritten zu beobachten. Was tun diese Kandidaten, wenn sie unsicher auf die Bühne schreiten?

– Sie halten sich am Rednerpult oder ihren Moderationskarten fest. Sehr fest. Bis zur Verkrampfung. Sie kneten ihre Moderationskarten förmlich durch.
– Sie reden mit tonloser, fremder Stimme.
– Sie bewegen sich kaum, stehen steif, wissen nicht wohin mit ihren Händen.
– Sie blicken unsicher, die Augen suchen einen Halt.
– Sie verheddern sich bei der Wahl ihrer Worte, und das macht die Sache dann noch schlimmer.

Beobachten Sie genauso aufmerksam die Könner. Im Theater. Im Kabarett. Im Fernsehen.

- Sie bewegen sich. Das macht locker. Sind die Muskeln locker, werden auch die Gedanken locker.
- Sie blicken einzelne Menschen im Publikum an. Das ist ein alter, bewährter Trick. Sie suchen jemanden, den sie sympathisch finden, und erhalten in der Regel von dieser Person ein positives Feedback. Das beruhigt sogar die Könner und lässt vergessen, dass da noch sooo viele andere im Publikum sind.
- Sie machen Scherze. Das ist die Wunderwaffe: Auf die Bühne kommen und in den ersten 30 Sekunden einen Witz oder Scherz machen. Das Publikum lacht. Alle sind entspannt. Die Präsentation kann beginnen.

Ich weiß: Sie können keine Witze erzählen. Haben Sie noch nie gekonnt. Macht nichts. Beobachten Sie, wie die Könner es machen. Sie werden verstehen, wie es funktioniert. Und dann können Sie es auch. Der Trick ist, sich selbst einen hohen Status zu verleihen, etwa in der Art:

>Es ist ein Spiel, und ich spiele es so gut ich kann. Ich brauche mich nicht zu verstecken. Ich kann das. Angst zu haben vor dem Auftritt ist kein Grund, ihn nicht zu wagen. So habe ich auch laufen und schwimmen und Fahrrad fahren und Ski laufen etc. gelernt.«

Das Dilemma der Zaghaften besteht darin, dass sie sich selbst in den Tiefstatus versetzen. Etwa so:

>Ich kann das nicht. Hab ich noch nie gekonnt. Kann ich auch jetzt nicht. Was, wenn es schiefgeht? Wenn ich mich verspreche? Wenn der Witz nicht gut ist und niemand lacht? Wenn ich vergesse, was ich sagen will?«

Das sagt der Status-Experte:
Vier unterschiedliche Menschen erledigen die gleiche
Aufgabe auf vier unterschiedliche Weisen.
Status ist selten eine Frage des »*Was* ist zu tun?« und
meist eine Frage des »*Wie* ist es zu tun?«

The-Voice-Spiel

Es gibt Menschen, die klingen am Telefon sehr überzeugend. Ihre Stimme ist sexy. Sie sprechen, und man hört ihnen gerne zu; eine Telefonschönheit.

Weil sie so gut klingen, schreibt man diesen Menschen Kompetenz, Autorität, Würde zu, sofort und ohne dass sie Ihnen das vorher beweisen müssen. Es kommt dabei, wie so oft im Leben, nicht darauf an, *was* gesagt, sondern *wie* es gesagt wird: Der Ton macht die Musik.

Auffällig an Menschen, denen das Attribut »The Voice« zugesprochen wird, ist die verblüffende Schnelligkeit, mit der sie ihren Status ändern. Sie errichten für die Zeit, in der sie sprechen, ein eigenes, virtuelles Königreich, in dem sie selbst der Souverän sind. Sobald ihre Rede endet, verschwindet dieses Reich wieder, löst sich auf, und »The Voice« räumt die hohe Status-Position lautlos und selbstverständlich wieder.

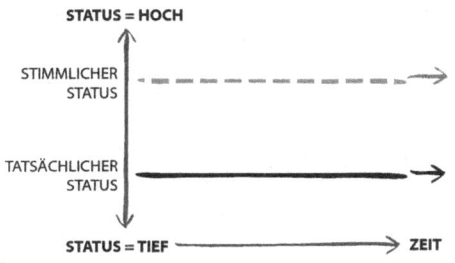

Während »The Voice« spricht, macht man sich ein Bild von dieser Person, und das stimmt – jeder kennt dieses Phänomen – nur allzu selten mit dem realen Aussehen überein. Wir machen uns aufgrund der Stimme ein falsches Bild. Dieses Phänomen gilt neben dem Telefon mitunter auch für die Synchronsprecher von Filmstars. Man kann manchem Fan seinen Filmhelden sogar verleiden, wenn man ihm sagt, von wem die Synchronstimme stammt. Marlon Brando zum Beispiel, Inbegriff von Coolness, Männlichkeit und Sex-Appeal, spricht in der deutschen Fassung vieler seiner frühen Filme mit der Stimme von Harald Juhnke. Da passen Bild und Stimme für viele überhaupt nicht mehr zueinander.

Blenderspiel

Mancher schafft es, mit diesem Spiel seine Karriere zu befördern. Wir sprechen von Zeitgenossen, die zuhören, was der andere sagt, und das anschließend als eigenen Gedanken, eigene Erkenntnis ausgeben, nicht selten ohne eigentlich zu wissen, um was es überhaupt geht. In einschlägigen Gazetten kann man sogar Kurse buchen, die diese Fähigkeit schulen: sicheres Auftreten bei völliger Ahnungslosigkeit.

Die ganz gewieften unter den Blendern gehen noch einen Schritt weiter und betreiben ganz ungeniert Ideendiebstahl, oft so geschickt, dass er ihrer eigenen Karriere dient.

Solche Zeitgenossen sind nicht unbedingt bewusst böse oder hinterhältig. Es können auch narzisstisch gestörte Persönlichkeitsstrukturen dahinterstecken. Sie sind dann kaum in der Lage, ein Unrechtsbewusstsein zu entwickeln oder moralisches Fehlverhalten bei sich festzustellen. Sie reden sich vielmehr blitzschnell ein, sie hätten die Idee selbst gehabt, und sind dann auch wirklich und wahrhaftig davon überzeugt. Die Empörung, die sie zeigen, wenn man sie eines Ideendiebstahls bezichtigt, ist demzufolge nicht gespielt, sondern echt.

Diese Deutung soll ihr Verhalten jedoch nicht verharmlo-

sen. Blender sind vor allem im Berufsleben Menschen von
hoch unangenehmer Ausstrahlung. Was sie tun, ist moralisch
betrachtet Unrecht.

Kein Spiel – Sexuelle Belästigung
1. Eine Frau erhält einen Auftrag oder wird befördert und
setzt sich dabei gegen männliche Konkurrenten durch. Nachdem ihr Sieg feststeht, fragt einer der unterlegenen Männer
mit Verweis auf den Mann, der diese Entscheidung getroffen
hat, leise, aber für sie deutlich hörbar: »Na, wie war er im
Bett?«

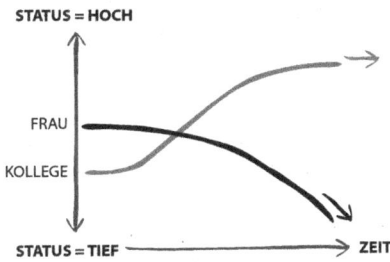

Versuch, die andere Person im Status herabzusetzen.

So etwas kommt tatsächlich vor und sogar häufiger als man
denken mag. Wie geht man damit um? Eine gute Lösung besteht darin, nicht zu reagieren. Was bleibt, ist allerdings der
Ärger über die Unverschämtheit, die Herabsetzung, die ver-
suchte Demütigung, die Missachtung.
  Eine ebenfalls gute Lösung besteht darin, das Gesagte sofort zu thematisieren. Das ist allerdings nur dann zu empfehlen, wenn die Frau in der höheren Position ist und dem Beläs-
tiger drohen kann. Dann sollte sie ihn zur Rede stellen und
ihm mitteilen, dass seine Äußerung Konsequenzen für ihn haben wird.

2. Eine Frau hat in einem Unternehmen neu angefangen. Noch während der Probezeit erhält sie vom Chef Liebesbriefe. Es ist ihr unangenehm. Sie will nichts von ihm. Was ist zu tun? Was kann schiefgehen? Und noch viel wichtiger: Was ist bereits schiefgegangen?

Die Frau muss sehr wachsam sein. Irgendwo im Vorfeld der Ereignisse hat sie Signale des Chefs übersehen oder falsch darauf reagiert. Wichtig ist in so einem Fall immer, möglichst früh zu signalisieren, dass sie kein Interesse hat. Je früher diese Mitteilung erfolgt, desto weniger wird sie in das Arbeitsverhältnis hineinwirken, denn die ersten, frühen Signale zwischen Männern und Frauen in Richtung Erotik und Sex finden auf absolut gleichberechtigter Ebene statt. Sie sind ganz natürlich und selbstverständlich und finden bei fast jeder ersten Kontaktaufnahme zwischen den Geschlechtern statt – mehr oder weniger unbewusst und blitzschnell. Es dauert meist nur Bruchteile einer Sekunde, dann ist alles Wesentliche geklärt, und niemand ist böse oder verletzt oder gekränkt, denn niemand wird sich falsche Hoffnungen machen. Sind die Signale hingegen nicht eindeutig, kann es schon bald kompliziert werden.

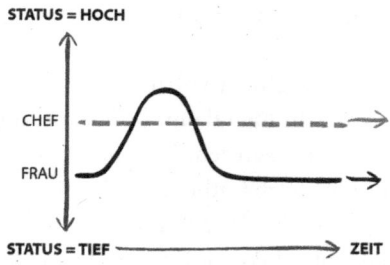

Um den Chef zurückzuweisen, muss die Frau im Status kurz auf die Position »hoch« gehen.

Für den Beginn in einem neuen Job ist von Bedeutung, eine klar definierte innere Position zu beziehen. Dann ist es nicht schwer, von Anfang an richtig zu agieren. Will man mit dem Chef nichts anfangen, darf man nicht flirten. Auch die Kleidung muss dezent sein. Ist das Dekolleté recht offen, die Figur deutlich betont, der Gang erotisch etc., wird das Wirkung zeigen und Hoffnungen wecken. Wer aber falsche Hoffnungen weckt, hat schnell mit Schwierigkeiten zu kämpfen. Im geschilderten Fall, der auf einer tatsächlichen Begebenheit basiert, hat die Frau ihre Arbeitsstelle wieder verloren. Ihr wurde noch während der Probezeit gekündigt. Der Chef, im Status deutlich höher als sie, spielte, nachdem sie ihn letztendlich und viel zu spät abgewiesen hatte, seine Macht aus und setzte sie vor die Tür. Er war und blieb darin verhaftet, nichts anderes zu sehen als seine eigenen Interessen. Die wurden enttäuscht. Jemand musste schuld sein. Die Frau war schuld. Basta.

Das ist natürlich nur seine Sichtweise. Auch er hat über einen längeren Zeitraum eine Fülle von Signalen übersehen oder falsch gedeutet, doch das spielt keine Rolle. Solange der Status-Reigen unbewusst abläuft, wird am Ende stets der Status-Höhere seine Macht ausspielen und bestrafen, sich rächen, seinen Vorteil nehmen, den anderen im Regen stehen lassen ...

Zur Kleiderfrage ist noch zu sagen, dass Frauen sich mitunter auf den Standpunkt stellen, dass sie doch bitte schön tragen können, was sie wollen. Grundsätzlich ist das richtig. Genau so richtig ist aber auch, dass die Signale gedeutet werden und dass sie längst nicht immer die Kontrolle darüber haben, auf welche Weise das geschieht. Wenn dann jemand unerwünscht reagiert, sollte man sich darüber im Klaren sein, dass man automatisch Teilnehmer in einem Spiel geworden ist. Ob es einem passt oder nicht, man ist jetzt involviert und muss sich dazu verhalten. Je schneller man das tut und je klarer die Position ist, die man bezieht, desto weniger Dramatisches wird geschehen.

Kein Spiel – Mobbing

Es ist die brutalste Form im Status-Kampf und dennoch alltägliche Realität. Mobber und ihre Opfer sind verstrickt in eine Auseinandersetzung, die in der Regel kein gutes Ende nimmt. Beide Seiten beißen sich dabei oft so sehr ineinander fest, dass sie ohne Hilfe von außen nicht mehr loslassen können.

Was sind die zentralen Faktoren des Mobbings? In erster Linie geht es darum, eine bestimmte Person zu erniedrigen, und dabei sehr weit unter den Status zu bringen, den der Mobber besetzt. Mobber tun das aus unterschiedlichen Motiven: Furcht vor Konkurrenz, Suche nach einem Sündenbock, Rache, Neid, Missgunst oder weil sie emotional gestörte narzisstische Persönlichkeiten sind, die sich durch die Abwertung anderer selbst zu erhöhen versuchen. Ein Mobber ist bestrebt, den vermeintlichen oder tatsächlichen Konkurrenten zu schwächen. Er unterstellt ihm Fehler, mangelnde Professionalität, Unvermögen, Charakterschwäche, Hinterhältigkeit, Unaufrichtigkeit usw. Er bedient sich dazu einer weitreichenden Palette menschlicher Schwächen und Fehler.

Der Mobber findet immer etwas, auf das er seine Strategie aufbauen kann. Er verleumdet, unterstellt, diffamiert, isoliert, rufmordet mit der Absicht, sein Opfer aus der Gemeinschaft auszuschließen, die gehasste oder gefürchtete Person von der Gemeinschaft verstoßen zu lassen. Das ist im Berufsleben häufig mit einer existenziellen Bedrohung für das Opfer verbunden, die nicht selten auch gesundheitliche Beeinträchtigungen oder gar Schädigungen nach sich zieht.

 Das sagt der Status-Experte:
Wer auf die eine oder andere Weise vom Gruppenkontext abweicht – durch unkonventionelles Verhalten, Hautfarbe, Kleidung, Sprache/Dialekt, Körperfülle, großen Fleiß, hohes Engagement o. Ä. wird angreifbar – und kann ins Visier von Mobbern geraten.

Nun ist uns allen hinlänglich bekannt, dass jeder Fehler macht und Schwächen hat. Wir schließen uns ja gerade deshalb zu Gemeinschaften zusammen: Der eine kann dies besser, der andere das, im Kleinen wie im Großen, in der Familie wie im Unternehmen. Fehler und Schwächen könnten emotional verziehen und im Team ausgeglichen werden. Nicht so für den Mobber. Er beleuchtet die kleinen Fehler, macht sie für alle sichtbar, stellt sie in falsche Zusammenhänge, macht sie groß und immer größer, bis auch andere sie für bedenklich oder gar gefährlich halten.

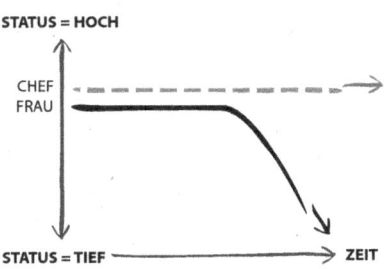

Der Mobber will den Status der anderen Person vernichten.

Mobbing bringt die dunkle Seite von Menschen zum Vorschein. Der Mobber zerstört die wichtigste Komponente im menschlichen Zusammenleben: das Vertrauen.

Ganz besonders perfide wird das im Fall des vermeintlich guten Freundes (vgF), der plötzlich beratend tätig wird:

vgF: »Ich möchte etwas mit Ihnen besprechen. Nehmen Sie es mir nicht übel. Und nehmen Sie es auch bitte nicht persönlich. Es ist nur – Sie haben ja vielleicht selbst schon etwas bemerkt –, die Leute reden.«

Opfer: »Was reden die Leute?«

vgF: »Ich sage Ihnen das als Freund. Weil ich Ihre Arbeit

schätze und weil ich der Meinung bin, dass Sie durchaus zu uns gehören. Gerade, weil ich Sie schätze,
muss ich es Ihnen sagen ... «

Opfer: »Sie machen mich neugierig ... «

vgF: »Man redet hinter Ihrem Rücken über Ihr Gewichts-
problem.«

Opfer: »Wie bitte?«

vgF: »Ich denke, Sie sollten wissen, was hier vorgeht. Man
macht sich über Sie lustig ... «

So oder ähnlich könnte das Gespräch beginnen, mit dem ein
Mobber, getarnt als guter Freund, das böse Spiel eröffnet.

Der Gemobbte gerät jetzt schnell in die Isolation und bald ins
Abseits, jedenfalls dann, wenn er das Spiel mitspielt und auf
den Mobber reagiert. Das ist leider ziemlich wahrscheinlich,
denn die Kunst des Mobbens besteht darin, das allzu Menschliche in ein schlechtes Licht zu rücken und damit nicht nur die
Wesensart und den Charakter des Opfers in Frage zu stellen,
sondern gleich seine gesamte Existenz. Das Opfer wird stark
verunsichert und in seinen emotionalen Grundfesten erschüt-
tert. Genau das entfaltet die katastrophalen Auswirkungen.
Empfunden wird der Angriff häufig als versteckte Todesdro-
hung und erzeugt entsprechende Angst und Verzweiflung.

Was treibt den Mobber? Wieso werden bestimmte Menschen immer wieder Opfer? Versuch einer Erklärung: Unter
den Opfern von Mobbing-Attacken finden sich häufig Menschen, die regelmäßig Tiefstatus-Signale aussenden:

Blicke: Gucken, weggucken, wieder hingucken u. a.
Körperhaltung: lautes Ausatmen und dabei die Schultern
hängen lassen u. a.
Stimme: Bei Aufgeregtheit wird sie deutlich höher.
Schnelles Sprechen bei Stress u. a.

Alle Gesten signalisieren: Ich bin überfordert. Ich bin schwach. Ich weiß mir nicht zu helfen.

Für einen Mobber sind das Einladungen, das Spiel zu beginnen. Er hilft nicht, sondern greift an: XY ist überfordert. XY kann das nicht. XY hält hier den Laden auf. XY schiebt hier die ruhige Kugel, während wir uns aufreiben. Die Opfer gehören also zu den eher labilen Zeitgenossen, die ihren innen tiefen Status auf die eine oder andere Weise mitteilen und damit das Spielfeld freigeben, ohne dass ihnen das bewusst ist.

So betrachtet, löst der Gemobbte mit seinem Verhalten das Mobbing selbst aus. Er ahnt es jedoch nicht und kann die Zeichen, die im Vorfeld bereits durchaus sichtbar werden, nicht richtig deuten. Der mörderische Mechanismus läuft an.

Eine zweite Gruppe von Menschen, die zu Mobbing-Opfern werden können, sind die, die etwas Besonders leisten, vor allem, wenn sie eine stark menschliche Komponente in ihrem Engagement zeigen; engagierte Lehrer z. B., die eine gewisse emotionale Nähe zu ihren Schülerinnen und Schülern und zu ihren Kolleginnen und Kollegen aufbauen. Sie senden dazu ganz selbstverständlich regelmäßig Tiefstatus-Signale. Sie erzählen z. B. mitunter aus ihrem Privatleben, kleiden sich individuell (und damit außerhalb der Norm) oder bieten ungefragt Hilfe an. Das sind lauter Handlungen, die etwas über sie als Mensch erzählen, preisgeben, verraten. Damit werden sie angreifbar und können ins Visier von Mobbern geraten.

Es ist eine Mischung aus Neid und Missgunst über die Erfolge des Kollegen, die den Mobber zum Status-Mörder werden lässt. Die dabei immer wieder verwendeten Methoden sind üble Nachrede und Verleumdungen, mit denen er versucht, den anderen im Status so weit herabzusetzen, dass für ihn kein Platz mehr übrig bleibt. Es ist eine Vernichtungsstrategie.

Dieser Mechanismus stellt allerdings nur eine Variante des Mobbings dar. Noch grausamer wird es, wenn nicht Neid und

Missgunst den Mobber treiben, sondern Angst vor Nähe. Dann geht es ihm darum, sich zu befreien, auch auf die Gefahr hin, sein Opfer zu zerstören.

Aus diesem Blickwinkel wird das Verhalten eines Mobbers – zumindest eines Teils der Menschen, die andere mobben – vielleicht ein klein wenig transparent. Entschuldbar wird es dadurch nicht. Der Mobber zerstört, und das ist weder akzeptabel noch verzeihlich, eine essenzielle Voraussetzung menschlichen Zusammenlebens: das Vertrauen.

Unter statuskämpferischen Aspekten können sich Mobber und Gemobbte in variablen Status-Positionen befinden:

- Der Mobber hat eine tiefere Position als sein Opfer, will aber selbst in die höhere Position.
- Der Mobber hat eine tiefere Position als sein Opfer und handelt aus Neid – eine menschliche Eigenschaft, die in verniedlichter Form als Laster und unter moralisch religiösen Aspekten als Todsünde bezeichnet wird.
- Der Mobber hat eine höhere Position als sein Opfer und will es vernichten, weil er fürchtet, seine höhere Position verlieren zu können. In diesem Fall liegt seiner Handlung eine existenzielle Angst zugrunde. Er kämpft faktisch um sein Leben, weil er sich in großer Gefahr wähnt.

Der Mobber greift erbarmungslos an. Der Gemobbte ist fassungslos ob dieser Brutalität, Hinterhältigkeit und Verbissenheit und versucht, sich zu wehren. Mit dieser Gegenwehr beginnt der fatale Kreislauf. Ausgelöst wird er in erster Linie durch die Tatsache, dass das Opfer sofort eine tiefe Status-Position einnimmt und auf die Vorwürfe, Intrigen, Tatsachenverdrehungen, Verdächtigungen reagiert.

Das sagt der Status-Experte:
Man begibt sich unweigerlich in eine tiefe Position, wenn
man auf einen Vorwurf spontan mit einer Rechtfertigung
antwortet.

Wir alle sind – leider – darauf konditioniert, zu einem Vorwurf sehr schnell Stellung zu nehmen. Diese Stellungnahme gerät fast immer zur Rechtfertigung. Es bleibt keine Zeit, bewusst auf den Vorwurf zu reagieren, denn wir katapultieren uns selbst sofort in den Tiefstatus. Der Mechanismus, der das bewirkt, funktioniert mit unumstößlicher Präzision: Ein Vorwurf wird als Bedrohung verstanden. Dahinter steht die Angst, aus der Gemeinschaft ausgeschlossen zu werden, weil man sich falsch verhalten hat. Der Ausschluss aus der Gemeinschaft gehört in unserem Seelenleben zu den ganz großen, existenzbedrohenden Katastrophen. Wir sind dann allein, ausgestoßen, im Elend. Und weil diese Bedrohung so existenziell ist, reagieren wir entsprechend spontan – und panisch – und befinden uns sofort im Tiefstatus.

Der Mobber ist nun bestrebt, sein Opfer dort festzuhalten. Setzt es sich mit guten Argumenten zur Wehr, legt er nach und behauptet zur Untermauerung seines Vorwurfes z. B.: »Das sagen die anderen übrigens auch.« Die Bedrohung wächst damit weiter, denn die gesamte Gemeinschaft ist negativ gestimmt! Die spontan erfolgende Reaktion ist mit ziemlicher Sicherheit eine weitere Rechtfertigung – und eine weitere Schwächung. Selbstzweifel beginnen. Das Opfer verliert den inneren Halt und sinkt im Status immer weiter, bis es so viele Tiefstatus-Signale sendet, dass der Kreislauf sich schließt: Bisher unbeteiligten Personen fällt auf, dass das Opfer sich zurückzieht. Hat es vielleicht tatsächlich etwas zu verbergen?

Besteht die Reaktion nicht in Rückzug sondern Gegenwehr, erfolgt diese durch den enormen Stress nervös und gereizt. Auch das fällt den bisher unbeteiligten Personen auf, und sie fragen: »Wieso regt er sich so auf? Er könnte doch souveräner reagieren, wenn nichts dran ist an dem, was man über ihn sagt.« Die Zahl derer, die das Gras wachsen hören, wächst, die Gerüchte werden zahlreicher, die Geschichten absurder, die Hysterie nimmt ihren Lauf.

Der Ablauf solcher Szenarien ist meist kompliziert zu beobachten, weil Mobbing in weiten Teilen auf indirekter Kommunikation basiert. Aktion und Reaktion sind zeitlich versetzt. Beim Beobachten von Mobbing ist daher wichtig, beide Seiten gleichermaßen zu betrachten und die Zusammenhänge zu erkennen: Wer geht wie gegen wen vor, und wie reagiert das Opfer? Schnell oder langsam, aggressiv oder wie gelähmt, wütend oder fassungslos, souverän oder hilflos?

Ebenfalls von großer Bedeutung ist die eigene Neutralität. Sie zu bewahren kann schwer sein, weil das Gerechtigkeitsempfinden dazu auffordern wird, Stellung zu beziehen, vor allem dann, wenn man den Mechanismus durchschaut hat, wenn man versteht, dass Kollege XY vielleicht gar kein so hinterhältiger, fieser, fauler, unzuverlässiger, unfähiger Mensch ist, wie viele in der Firma inzwischen glauben.

Möglicherweise hat der Gemobbte tatsächlich die Position des Mobbers angegriffen. Vielleicht sogar ohne es zu bemerken oder zu wollen. Vielleicht auch ganz bewusst und mit Kalkül.

Die Auseinandersetzung bzw. die Beobachtung von Mobbing gehört sicher nicht zu den erfreulichen Aspekten aus dem Reich der Status-Kämpfe. Eine fundierte Kenntnis der brutalen Mechanik, die dort wirkt, ist aber ganz sicher von Vorteil, wenn man einmal in die Situation gerät, sinnvoll helfen oder gar sich selbst davor schützen zu müssen. Man weiß ja nie; vielleicht bemerkt der Mobber, den Sie beobachten, dass Sie ihm auf die Schliche gekommen sind. Das könnte Sie in sein Visier geraten lassen …

Die wichtigsten Parameter für die Beobachtung sind:

1. Wer spielt wie um welchen Status?
2. Wie kommt es zu dieser Härte und Brutalität?
3. Was wäre, wenn das Opfer seinen tiefen Status verlässt und einen höheren einnimmt als der Mobber?
4. Wie könnte das gelingen?

 Das sagt der Status-Experte:
Mobbing-Angriffen weicht man besser aus, als zu ihnen Stellung zu nehmen. Wenn das nicht möglich ist, wendet man sich an die nächsthöhere Instanz. Man holt sich also Hilfe.

Zusammenfassung

1. Im Berufsleben begegnet man unentwegt Status-Spielen – und damit einer Vielzahl von Gelegenheiten, sie zu beobachten und zu üben.
2. Beim Üben und Ausprobieren von Status-Spielen im Beruf sollte umsichtiger vorgegangen werden als z. B. im Alltag, denn im Berufsleben sind die persönlichen und sozialen Beziehungen zu unseren Mitmenschen in der Regel intensiver und langlebiger als im Alltag.
3. Status hat im Berufsleben entscheidenden Einfluss auf Gehalt, Position, Stellung und Karriere.
4. Doppelter Hochstatus ist förderlich für die Karriere.
5. Doppelter Tiefstatus ist hinderlich für die Karriere.
6. Außen hoch und innen tief ist Gift für die Karriere.
7. Außen tief und innen hoch ist Balsam für die Karriere.
8. Ins Visier eines Mobbers zu geraten löst immer Unbehagen, Angst und Empörung auch – auch bei Status-Könnern. Das ist unausweichlich und eine gesunde Reaktion.
9. Der Mobber ist immer im Unrecht. Das Opfer ist immer im Recht. Eine Notwendigkeit, sich Gedanken darüber zu ma-

chen, ob der Mobber vielleicht doch recht hat, besteht nicht.

10. Eine Notwendigkeit, auf Vorwürfe, Gerüchte oder Niederträchtigkeiten mit einer Rechtfertigung oder Richtigstellung zu reagieren, besteht ebenfalls nicht.

11. Rechtfertigungen oder Richtigstellungen schwächen die eigene Position und stärken die Position des Mobbers.

Status-Artisten

Im Berufsleben ist die Beherrschung von Status-Spielen von großer Bedeutung, ganz gleich, in welche Richtung man tendiert. Menschen, die einen tiefen Status bevorzugen, sind genauso gefordert wie Menschen, die Karriere machen wollen. In allen Fällen geht es darum, für sich selbst eine klare Position zu beziehen: Will ich Sicherheit, in Ruhe arbeiten und ein gutes Verhältnis zu meinen Kolleginnen und Kollegen, oder steht mir der Sinn eher nach Abwechslung, gar Abenteuer oder Karriere? Reicht es mir, mein Auskommen und lieber viel freie Zeit für meine Hobbys zu haben, oder ist mir wichtig, all meine Energie, Intelligenz und Zeit in den Beruf zu investieren?

Wenn dieser Punkt klar ist, steht fest, in welche Richtung ich meine Status-Spiele ausrichten muss. Spiele ich tief, will ich vor allem meine Ruhe und gleichzeitig gewappnet sein gegen Ausnutzung, Unterforderung oder gar Mobbing. Will ich hoch hinaus, muss ich wissen, wann ich mich zurückhalten, also tief spielen muss, und wann ich mich vorwagen, also hoch spielen kann.

Je besser ich dieses Spiel beherrsche, desto kalkulierbarer ist mein Risiko und desto besser stehen meine Chancen, dass das Spiel so läuft, wie es mir gefällt und wie es gut für mich ist.

Wie verhält sich ein Status-Artist in der Situation, die am Anfang dieses Kapitels geschildert wurde?

Szene:
Meeting. Es geht um die Präsentation von Ergebnissen zur Verbesserung von Arbeitsabläufen. Bereichsleiter Nord wird vom Chef abgebügelt, weil er im Gegensatz zu Bereichsleiter

West keine Computer-Präsentation zeigt, sondern nur einen Zettel mit Stichworten für seinen freien Vortrag verwendet. Hier zur Erinnerung noch einmal der Dialog zwischen Chef und Bereichsleiter Nord:

Chef: »Können wir das sehen, was Sie uns da erzählen?«

B. Nord: »Sehen?«

Chef: »Sehen. Haben Sie sich die Mühe gemacht und ein paar Folien vorbereitet?«

B. Nord: »Tut mir leid. Die Zeit hat dazu nicht gereicht. Mir war vor allem wichtig, die einzelnen ...«

Chef: »... wie sollen die Damen und Herren in dieser Runde denn eine klare Vorstellung entwickeln, wenn Sie das nicht einmal in ein paar simplen Diagrammen darstellen können?«

Der Bereichsleiter Nord blickt ein wenig verlegen zunächst in die Runde, dann auf seinen Zettel.

B. Nord: »Tut mir leid. Ich habe alle Zeit und Konzentration für die Umsetzung ...«

Chef: »... Ja, schon gut. Ich schlage vor, wir lassen das für heute, und Sie stellen Ihre Ergebnisse beim nächsten Mal vor – anschaulich und präzise, wenn ich bitten darf.«

B. Nord: »Tut mir leid, ich dachte ...«

Chef: »Ich sagte bereits, es ist gut für heute.«

Der Chef ist verärgert, der Bereichsleiter Nord verunsichert, möglicherweise sogar beschämt. Der hohe Status des Chefs basiert sowohl auf seiner Position wie auch auf seiner Persönlichkeit. Es scheint so gut wie unmöglich, ihn zu bezwingen. Auch für einen wirklichen Könner?

Wie läuft die Szene ab, wenn der Bereichsleiter Nord über die Fähigkeiten eines Status-Artisten verfügt?

Chef: »Können wir das sehen, was Sie uns da erzählen?«

Als Status-Artist weiß der Bereichsleiter Nord sofort, dass er angegriffen wird. Er hört es am Tonfall und sieht es an der Körperhaltung des Chefs. Jeder von uns hat diese Fähigkeit, doch oft, und ganz besonders in solchen Situationen, vertrauen wir unserem Instinkt zu wenig und steuern nicht früh genug gegen, lassen uns stattdessen einschüchtern in der Hoffnung, das Gewitter möge vorüberziehen. Doch genau hier liegt das Geheimnis: Je früher wir einlenken, desto geringer ist der Aufwand, den wir betreiben müssen, damit die Situation nicht aus dem Ruder läuft.

B. Nord: »Die Folien liefere ich nach. Für heute habe ich alles so vorbereitet, wie es die Maxime unseres Unternehmens ist: Machen – und dabei auf das Wesentliche konzentrieren. Das ist es, was unseren Erfolg ausmacht.

Also habe ich die Fakten zusammengetragen und alle wichtigen Aspekte in den Vordergrund gerückt. Es geht heute ja in erster Linie um die Erfassung des Problems und das Finden einer langfristig guten Lösung. Das kann ich jetzt liefern.«

Chef: »Ich weiß nicht. Wie sollen die Damen und Herren in dieser Runde denn eine klare Vorstellung entwickeln ohne Diagramme?«

B. Nord: »Die wesentlichen Eckdaten sind weitgehend ohne Diagramme darstellbar. Die detaillierte Ausarbeitung folgt dann heute Nachmittag per E-Mail.«

Der Bereichsleiter Nord hat sich nicht aus dem Konzept bringen lassen. Er ist innerlich im Status hochgegangen, hat aber außen tief gespielt, indem er die Maxime des Unternehmens in den Vordergrund rückt. Die stammt mit Sicherheit vom Chef selbst. Zumindest findet sie seine volle Zustimmung. Gleichzeitig hat der Bereichsleiter seine eigene Arbeit nicht zerstückeln lassen, sondern selbstbewusst vertreten. Dem Chef bleibt kaum eine Möglichkeit, ihn abzubügeln.

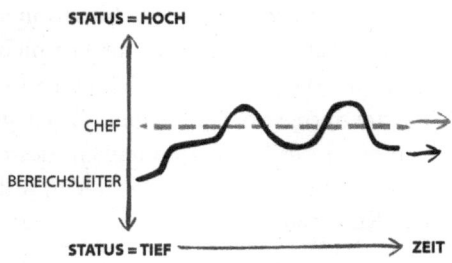

Sollte er dennoch versuchen, den Bereichsleiter kleinzumachen, muss er ihn brüskieren. Das ist ungleich schwerer als im ersten Beispiel, weil der Bereichsleiter zumindest einen Teil der Kollegen moralisch und emotional auf seine Seite gebracht hat. Die positiven Gefühle der anderen heben seinen Status, und der Chef muss gegen starke unsichtbare Widerstände kämpfen, um sein Spiel durchzusetzen.

Nicht zu unterschätzen ist auch, dass der Bereichsleiter Nord dem Chef eine Möglichkeit eröffnet hat, einen eleganten Schwenk zu vollziehen; er kann ohne Gesichtsverlust verständnisvoll reagieren und der Sache einen positiven Aspekt abgewinnen, da der Bereichsleiter bestrebt ist, ein optimales Ergebnis abzuliefern. Dagegen kann der Chef nichts haben.

 Das sagt der Status-Experte:
Der Status-Artist bleibt seinem inneren Ziel treu und nutzt im äußeren Spiel jede Status-Position (tief oder hoch), um sein Ziel zu erreichen.

Zusammenfassung

1. Der Status-Artist weiß: Es gibt fast immer eine Möglichkeit, die innere Haltung durchzusetzen.

2. Ist man innerlich entschieden und kennt sein Ziel, wird man in der Umsetzung automatisch kreativ.

3. Im Status-Kampf geht es immer darum, dem anderen eine Brücke zu bauen. Er muss für sich eine Möglichkeit finden, aus der Situation herauszukommen, ohne sein Gesicht zu verlieren.

4. Die große Kunst besteht darin, den Kuchen so zu verteilen, dass am Ende jeder überzeugt ist, er habe das größte Stück erhalten.

5. Es ist nicht möglich, virtuos um den Status zu spielen, wenn man dabei nur die eigenen Interessen verfolgt. Das Vorgehen des Status-Artisten ist also nicht per se manipulativ, sondern entfaltet seine volle Wirkung erst im Zusammenhang mit der Verfolgung der Interessen aller Beteiligten.

6. Gute Kommunikatoren sind Status-Artisten.

D. Status in der Liebe

Wenn du damit beginnst, dich denen aufzuopfern,
die du liebst, wirst du damit enden,
die zu hassen, denen du dich aufgeopfert hast.

George Bernard Shaw (1856–1950),
irischer Dramatiker, Schriftsteller und Nobelpreisträger

Erinnern wir uns: Status ist immer und überall. Er wird immer dokumentiert, und immerfort wird darum gerungen. Es geht nicht ohne Status. Wieso also sollte das in der Liebe anders sein? Das Schöne wie das weniger Schöne in unseren Beziehungen ist davon durchdrungen. Der Umgang mit dem geliebten anderen basiert ganz wesentlich auf Status-Spielen, die deutlich vielfältiger und intensiver sind als im Alltag und im Beruf, eben weil man einander so nahe ist, sich so gut kennt, aufeinander angewiesen ist und sich aufeinander verlässt.

In der Liebe versucht jeder beständig, seinen Status zu manifestieren oder zu verändern, je nachdem, ob er sich geborgen oder missverstanden, wohl oder angegriffen fühlt. Viele Themen und Probleme, die zwischen den Partnern über Jahre hinweg immer wieder zu Auseinandersetzungen führen, haben ihren Grund in Status-Rangeleien. Da will der eine dem anderen das Terrain nicht überlassen, will sich nichts sagen oder vorschreiben lassen, will die scheinbar immer gleichen Vorwürfe nicht mehr hören oder sich dazu nicht äußern, will nicht in diese oder jene Schublade gesteckt werden oder sich nicht ändern, nur weil der andere das verlangt usw.

Hoher und tiefer Status werden in der Liebe ganz besonders intensiv empfunden und verteidigt, gewollt und gefühlt, gewünscht und angestrebt – love is a battlefield. Die Kriegerinnen und Krieger gehen dabei ein hohes Risiko ein. Sie tun das, weil sie hohe Erwartungen haben und sich gute Chancen ausrechnen, ihre Ziele zu erreichen, ihre Wünsche zu erfüllen, ihre Sehnsucht zu stillen, ihren Traum zu leben. Die Beweggründe für ihre Taten und Untaten, ihr Streben und Zögern sind so vielfältig und unterschiedlich wie das Leben selbst. Im Kern aber lassen sich auch hier die vier Grundmuster der Statuszustände von tief-tief bis hoch-hoch finden, und auch hier basieren sie auf den gleichen Gefühlen und Bedürfnissen, die jeden Einzelnen treiben, takten, täuschen und sein Leben so maßgeblich bestimmen.

Status-Spiele in der Liebe sollen bewirken, den anderen an uns zu binden, ihn nicht zu verlieren, nicht zu sehr vereinnahmt zu werden, ein gewisses Maß an Freiheit zu behalten, beachtet und gebraucht zu werden, versorgt und gesichert zu sein und vieles mehr. Jeder Wunsch, jedes Bedürfnis erfordert eine andere Status-Strategie, und jede dieser Strategien hat ihre ganz speziellen Vor- und Nachteile.

 Das sagt der Status-Experte:
In der Liebe empfinden wir die Chancen und Risiken unseres Status intensiver als in allen anderen Bereichen unseres Lebens.

Status-Artisten

In der Liebe ist jeder ein Status-Artist, doch kaum jemand ist sich darüber im Klaren. Was die besonders Begabten und Cleveren im Alltag und im Beruf vermögen, das hat jeder von uns schon mehrfach – nicht wenige sogar vielfach – in seiner Liebesbeziehung geschafft: den eigenen Status ohne zu zögern, ohne Zaudern, ohne Wenn-und-Aber-Barrieren, ohne Angst und Sorge, ohne Beharren auf bekannten Standpunkten mühelos zu wechseln. Der Grund war vielleicht die spontane Einsicht, dem anderen eine Freude machen zu können, ihm einen Gefallen zu tun, ihm zu helfen, ihm den Vortritt zu lassen, sich zu freuen, weil er/sie sich freut.

Der Mechanismus, der in solchen Momenten wirkt, die wir gerne als die schönen in Erinnerung behalten, ist die uns allen innewohnende Fähigkeit, über die eigenen Begrenzungen hinauszugehen und etwas für den anderen zu tun: ihn in den Mittelpunkt unseres Denkens und Handelns zu stellen. Nicht selten weiß man darüber im Nachhinein nicht viel mehr zu sagen als zum Beispiel: »Ich habe es getan, weil ich es einfach tun musste« oder »weil die Situation es erforderte«, oder »Mir war gerade danach«...

Das genau ist die Energie, die man braucht, um am eigenen Status zu arbeiten. In den glücklichen Beziehungs- und Liebesmomenten wird sie ganz von selbst frei. Sie steht einfach zur Verfügung, wird einem geschenkt. Man kann sie aber auch bewusst aktivieren und nutzen, um sich auf eine Situation neu einzustellen. Will man Regisseur des eigenen Lebens werden, gilt es, sich über ein paar grundlegende Fragen Gedanken zu machen:

Wer schreibt das Drehbuch?
Wer inszeniert?
Wer spielt in welcher Situation welche Rolle?

Der bewusste Status-Spieler entwickelt aus den Antworten auf diese Fragen das Regiekonzept für sein Leben, um es immer dann anzuwenden, wenn die Situation es erfordert. Wenn er unzufrieden ist mit der Position, in die er immer wieder hineinrutscht, wenn dieses oder jenes passiert, gesagt wird, sich ereignet ...

Nun ist uns allen jedoch nur allzu bewusst, dass der gute Vorsatz und das präzise durchdachte Konzept graue Theorie bleiben, wenn es nicht gelingt, sie in der Praxis umzusetzen.

Mantren für den Status-Wechsel

Meist scheitert man auf dem Weg vom Wollen zum tatsächlichen Handeln daran, dass man in kritischen Situationen so blitzschnell in die unangenehme Position hineingerät, dass es bereits zu spät ist, wenn man etwas unternehmen will: Man ist schon mittendrin. Es ist somit kaum möglich, die problematische Situation im Vorfeld zu vermeiden. Das heißt aber nicht, dass wir hilflos bleiben müssen. Wir können uns für solche Situationen durchaus rüsten und für sie trainieren, damit wir im Ernstfall handlungsfähig sind. Nicht erspart bleiben wird uns allerdings, dass wir wohl oder übel aus der bereits eingetretenen, unkomfortablen Situation heraus handeln müssen!

So mitten drin im Schlamassel haben wir uns ja schon häufig befunden und sind dann regelmäßig in den ritualisierten Ablauf der Ereignisse geraten. Jetzt geht es darum, sich am eigenen Schopf aus dem Sumpf zu ziehen. Das kann über ein sogenanntes Notfall-Mantra geschehen: Man überlegt sich einen Satz, der das automatisch ablaufende Gefühls- und Gedankenprogramm unterbricht und Platz schafft für das neue Handlungskonzept. Damit kann man es schaffen, einen schnellen

Status-Wechsel herbeizuführen, sobald man in den ungeliebten Status zu rutschen beginnt.

In den folgenden Beispielen für Notfall-Mantren werden Tiefstatus und Hochstatus unterschiedlich behandelt. Der Satz, der helfen soll, die Situation in den Griff zu bekommen, statt unbewusst in ihren automatischen Ablauf zu geraten, muss kurz und prägnant sein.

Das Notfall-Mantra für den drohenden Tiefstatus, es könnte zum Beispiel lauten:

»Nicht mit mir!«

Von großer Bedeutung ist hier die Sprache des Körpers: Wie spreche ich in der aktuellen Situation mit mir selbst? Welche Betonung gebe ich dem Satz? Drohend, appellativ, konfrontativ oder mit Mäuschenstimme? Die Wirkung wird sehr unterschiedlich sein. Eine klare innere Haltung verlangt stets einen klaren körpersprachlichen Ausdruck. Er ist von Typ zu Typ, von Person zu Person unterschiedlich. Ein geeignetes Notfall-Mantra ist eine sehr persönliche Angelegenheit. Es muss gesucht werden, und zwar so lange, bis man eines gefunden hat, das gut zu einem passt. Der Sound muss stimmen. Dazu braucht man ein wenig Experimentierfreude. Es dauert nicht lange, dann hat man sich mit einem – seinem – Mantra angefreundet, und es dient fortan als zuverlässiger, hilfreicher Begleiter durch die Status-Spiele in Alltag, Beruf und Liebe.

Wie funktioniert ein Notfall-Mantra für den Status-Wechsel von tief zu hoch?
Wenn ich in den Tiefstatus rutsche, ohne es zu wollen, dann deshalb, weil da jemand etwas mit mir macht, das ich eigentlich nicht will. Es muss beim anderen durchaus keine böse Absicht dahinterstecken, auch nicht der Versuch einer Manipula-

tion oder andere Gemeinheiten. Es macht in unserem Zusammenhang ohnehin wenig Sinn, sich zu fragen, weshalb der andere tut, was er gerade tut. Seine Motive sind für das Notfall-Mantra von untergeordneter Bedeutung. Wichtig ist allein, dass ich gerade in einen Status rutsche, den ich nicht will, und das verhindern möchte. Ich will nicht, dass mir das jetzt passiert! Ich will aktiv sein und die Situation selbst gestalten. Deshalb das Mantra: »Nicht mit mir!« Der Satz macht mir bewusst, dass ich etwas anderes tun muss als das, was ich bisher in solchen Situationen getan habe.

 Das sagt der Status-Experte:
Das Notfall-Mantra eignet sich gut, um sich schnell in einen anderen Status zu katapultieren.

Meine aktuelle Position ist innen und außen tief oder sie ist innen tief und außen hoch (also ich tobe, schimpfe, maule, drohe etc.). Das will ich nicht. Ich will innen hoch sein. Ein Blick in die Status-Werkzeugkiste zeigt als wirksames Mittel den Humor. Mit ihm bin ich sehr gut in der Lage, die Situation so zu drehen, dass meine innere Position wechselt. Status-Wechsel hat ja nicht zuletzt auch mit Spaß zu tun. Ich beziehe eine konkrete, mir selbst guttuende Haltung. Wenn es beim ersten Mal nicht funktioniert, ist das nicht weiter von Bedeutung; mit ein wenig Übung wird man schnell besser.

Exkurs: Humor

Er verbindet Schwäche und Stärke auf geniale Weise. Das durch Humor erzeugte Lachen stiftet Gemeinschaft, wenn es in einer Situation der Gefahr oder des Scheiterns auftritt und eine, wenn auch kleine, Hoffnung auf die Überwindung der Krise vermittelt. Kurzum: Humor ist, wenn man trotzdem lacht. Gemeint ist damit nicht Schadenfreude oder vernichtendes Lachen. Spaß auf Kosten anderer ist eher sarkastisch, spöttisch oder zynisch zu nennen. Humor hingegen ist oft die beste, und manchmal die einzige Möglichkeit, sich selbst aus einer unliebsamen Situation zu befreien.

Ein Beispiel: Ein Witwer wird noch auf der Trauerfeier für seine gerade verstorbene Frau in einer abgelegenen Kammer mit dem Zimmermädchen entdeckt, das halbnackt auf seinem Schoß sitzt und ihn liebkost. Aufgeschreckt durch die vor ihm stehenden Trauergäste, deren Empörung verständlicherweise groß ist, ruft er verzweifelt aus:»Ja, weiß ich denn, was ich tue in meinem Schmerz?«

Ein entscheidender Punkt in der Funktionsweise guten Humors besteht darin, dass man sich dümmer macht, als man ist, um dadurch stärker zu sein, als man scheint. Der Betroffene kommentiert sich selbst und windet sich schlagfertig aus einer unangenehmen oder gar aussichtslos erscheinenden Situation heraus. Er erfindet eine Betrachtungsweise, mit der eine Situation oder ein Lebensumstand besser zu bewältigen ist. Es ist virtuoser, gekonnter, schneller Status-Wechsel nach unten. John Cheever lässt in seinem Buch »Der Schwimmer« eine Frau sagen: »Der Mann war ein Despot, und ich tat in seiner Gegenwart, als hätte er mich höchst eigenhändig aus einem Klumpen Lehm geschaffen ...«

Diese Frau denkt als Betroffene, die sich befreien will, und nicht als Besserwisserin. Sie zieht es vor, sich im äußeren Spiel in die Situation zu fügen und gleichzeitig im inneren Spiel die Situation zu kontrollieren – denn wer führt hier in Wirklichkeit Regie? Die Frau gibt sich nicht geschlagen. Sie weigert sich vielmehr, sich kränken oder zum Leiden nötigen zu lassen, und dreht die Situation in einen Anlass zum Lustgewinn um. Niemand wird ernsthaft abstreiten können, dass solche Verdrehungen der Realität großen Spaß machen. Sie vertreiben Verdruss und öffnen gleichzeitig den Blick auf ein weites Feld von Möglichkeiten, wie dem scheinbar Unausweichlichen zu begegnen oder zu entkommen ist. Beide Parteien gewinnen dadurch. Der Despot kann sein Spiel weiterspielen, und das vermeindliche Opfer entwindet sich immer wieder durch die erfrischende Kraft seines Humors.

Weitere mögliche Mantren für den Status-Wechsel von tief zu hoch könnten lauten:

>>Na warte, dir zeig ich's!<<
>>Mooooment!<<
>>Jetzt bin ich dran!<<

Möglich ist auch ein fragendes »Entschuldigung?« oder »Wie bitte?«. Wichtig ist, dass die Betonung richtig sitzt und die Stimme am Ende leicht drohend gehoben wird.

Hinzu kommen einige weitere Regeln, die beim Training helfen: Man benutzt gegenüber dem anderen, zu dem man gerade in den Tiefstatus rutscht, keine respektvollen Formulierungen, also kein »Sie«, sondern ein »Du«. Dabei keinesfalls nachdenklich werden, also kein »Vielleicht hat er ja doch recht, vielleicht habe ich doch etwas falsch gemacht« etc.

Auch Weichmacher sind zu vermeiden. Es heißt nicht: »Eigentlich bin ich jetzt dran«, sondern: »Jetzt bin ich dran!«

Bedingungen wie »Wenn …, dann …« sind ebenfalls zu vermeiden. Es heißt also nicht: »Du sollst mir zuhören«, sondern: »Du hörst mir zu.«

Und auch nicht: »Ich möchte, dass du mir folgst«, sondern: »Ich zeig dir, wo's langgeht.«

Alle Notfall-Mantren sind Privatsache. Sie werden still, also innerlich gesprochen bzw. gedacht. Auf keinen Fall werden sie laut gesagt. Sie sind geheime Kommandos an sich selbst.

Das sagt der Status-Experte:
Beim Wechsel vom tiefen in den hohen Status stellt man
sich selbst und seine Interessen in den Mittelpunkt.

Wie funktioniert ein Notfall-Mantra für den Status-Wechsel von
hoch zu tief?
Das Notfall-Mantra für den Hochstatus, der im Status heruntergehen will oder sollte, könnte zum Beispiel so lauten:

»Bitte mag mich …«

Der Tonfall, um vom unwillkürlich eingenommenen Hochstatus in den tiefen Status hinunterzugehen, ist z. B. bittend, besänftigend oder versöhnlich. Gleichzeitig wird vielleicht der
Kopf auf die Seite gelegt und Körperspannung herausgenommen.

Wozu? Wenn man unwillkürlich in den Hochstatus gerät,
wird man z. B. hochnäsig, abweisend, bissig, verletzend etc. In
diesem Zustand tut man dem anderen etwas an, das man nachher nicht selten bereut oder gerne sanfter, diplomatischer geregelt hätte, oder man erkennt, dass die Reaktion überzogen war
und man sich geschickter hätte aus der Affäre ziehen können.

Das sagt der Status-Experte:
Die drei Säulen des Status-Spiels sind:
Position beziehen (Konzept)
Nerven behalten (Mantra)
Dranbleiben (Übung)

Das Werkzeug für den bewussten Status-Wechsel aus einer
Hochstatus-Position heraus ist Demut. Sie wirkt Wunder,
wenn man es schafft, sich selbst für einen Augenblick aus dem
Mittelpunkt herauszunehmen und sich die Frage zu stellen,
wie es wohl dem anderen geht, wenn man ihn so behandelt,

wie das in der konkreten Situation gerade geschieht. Und auch hier gilt: Übung macht den Meister.

Exkurs: Demut

Die zentrale Idee der Demut besteht darin, »mit Hilfe der Vernunft eine emotionale Haltung einzunehmen, mit der sich der eigene Narzissmus überwinden lässt« (Erich Fromm). Das heißt nichts anderes, als dass Demut eine geeignete Methode ist, um über die Selbstbezogenheit und Eigenliebe hinaus auch den anderen in seinem Wesen wahrzunehmen. Der andere wird nicht dazu benutzt, eigene Interessen durchzusetzen, sondern er wird als wesentlicher Bestandteil der Partnerschaft wahrgenommen. Es geht um mehr als ausschließlich um das eigene Selbst. So entsteht eine Gemeinschaft, die größer ist als die Summe ihrer Mitglieder.

In der Praxis bedeutet das keineswegs eine willkürliche Unterordnung unter den Willen eines anderen, sondern die kluge Synthese aus den Wünschen aller Beteiligten. Jeder verzichtet auf die bedingungslose Durchsetzung seiner Vorstellungen. Man teilt und erhält am Ende mehr, als man hineingegeben hat – Synergie.

Diese Idee ist in ihrer Klugheit revolutionär. Nur der Mensch ist in der Lage, diese emotionale Leistung bewusst zu vollbringen und weiterzuentwickeln. Die Chancen, die darin liegen, sind gewaltig, und dennoch fällt es oft schwer, Demut als selbstverständliche Tugend in den eigenen Alltag zu integrieren. Man muss es üben.

Weitere mögliche Notfall-Mantren für den Status-Wechsel von hoch zu tief könnten lauten:

>»Tut mir leid.«
>»Entschuldigung.«
>»Bitte verzeih mir.«

Diese Mantren funktionieren nur, wenn sie ernst gemeint sind! Körpersprachlich unterstützt werden können sie durch eine bittende Grundhaltung, die hilft, aus dem inneren, aktuell nicht gewollten Stolz herauszufinden. Demütig ist auch, die »Sie«-Form zu wählen, um Respekt herzustellen: »Bitte verzeihen Sie mir.«

 Das sagt der Status-Experte:
Beim Wechsel vom hohen in den tiefen Status wird der andere in den Mittelpunkt gestellt.

Zusammenfassung
1. Ein Notfall-Mantra für den schnellen Status-Wechsel muss unmittelbar verfügbar sein – ohne nachzudenken, ohne Wenn und Aber.
2. Ein Notfall-Mantra wird durch Übung in das automatisch ablaufende Status-Verhalten integriert und hilft so, die Fähigkeit zum bewussten Status-Wechsel kontinuierlich zu verbessern.

Wer wird wie mit wem glücklich?

Kann eine Betrachtung über Status helfen, in der Liebe glücklicher zu werden? Wenn es stimmt, was der Komödiant Hape Kerkeling in seiner Rolle als Beziehungsexpertin Evje van Dampen, die Mutter Teresa der lebenspartnerschaftlichen Beziehungsarbeit, sagt: Liebe ist »Arbeit, Arbeit, Arbeit«, dann besteht das Problem nicht so sehr darin, dass die Liebe kompliziert ist, sondern vielmehr darin, dass sie beständig gehegt und gepflegt werden muss, um vital zu bleiben.

Am Anfang aller Liebe steht der Flirt. Er bildet die höchste und virtuoseste Form des Status-Spiels. Beim Flirten wird in ständigem Wechsel auf beiden Seiten hoch und tief gespielt. Flirts sind Statustänze und für Außenstehende so schwer auszuhalten, weil sie mit dem normalen Status-Alltag nicht kompatibel sind: Beim Flirten wird konsequent auf höchstem Niveau gespielt und gleichzeitig die bestehende Status-Ordnung radikal in Frage gestellt. Das verunsichert, denn wenn Status nicht mehr wichtig ist, sondern sich zum reinen Spiel aus Lust und Freude gewandelt hat, gerät die Wirklichkeit ins Wanken. Man selbst ist ja nicht verliebt und folglich weiter schicksalhaft verstrickt ins alltägliche Status-Gerangel. Eine dort einmal eroberte Position bedenkenlos und ohne jedes Risikobewusstsein wieder aufzugeben, um sie wenige Augenblicke später erneut zu erobern und dem Ganzen keine existenzielle Bedeutung beizumessen, ist einfach zu viel, zu riskant, zu aufwendig, zu verschwenderisch und vor allem: zu gefährlich – denn was passiert, wenn der andere plötzlich nicht mehr mitmacht?

Ein bisschen Neid mag wohl auch dabei sein, wenn man sich vom Turteln der Verliebten entnervt abwendet, denn mancher wäre gerne aus gleichem Grund dem Alltag ähnlich entrückt wie die Verliebten.

Das sagt der Status-Experte:
Der Flirt ist das optimale Trainingskamp für Status-Spiele.
Hier lässt sich wie nirgends sonst lernen und erleben, wie
weitgefächert, vielfältig und vielseitig die Welt der
Status-Spiele ist.

Nach der Heirat ist das alles dann irgendwie weg. Vielleicht auch, weil der rasante, atemberaubende, spielerische Status-Wechsel nicht mehr stattfindet und deshalb die Aufmerksamkeit füreinander abnimmt. In jedem Fall wird alles anders, wenn der Alltag Einzug hält in die Liebe. Dann sind viele Status-Spiele bald wieder ernst und unausweichlich, mühsam und unerquicklich, zehrend und gnadenlos. Wir sind zurückgekehrt in die eigenen, isolierten Träume, Wünsche und Sehnsüchte wie auch zu den eigenen Befürchtungen, Ängsten und Zweifeln. All das wirkt tief und unabwendbar in unser Verhalten hinein, auch in unser Status-Verhalten, und entscheidet maßgeblich darüber, ob die Liebe hält oder ob sie stirbt.

Die folgenden Betrachtungen wichtiger Charakter- und Persönlichkeitsmerkmale von Frauen und Männern begibt sich auf die Suche nach einer möglichen Grundformel für die dauerhafte Liebe, von Theodor W. Adorno einmal so formuliert:

> »Geliebt wirst du einzig, wo du schwach dich
> zeigen darfst, ohne Stärke zu provozieren.«

Tiefstatus-Frauen – von modernen Frauen, Girlies, Schlampen und Mäuschen

Die Werte, um die wir in unseren Beziehungen kämpfen, stehen weit über Empfindungen wie z. B. Ärger über jemanden, der sich beim Bäcker in der Schlange vordrängelt, oder Sorge um die eigene Karriere, weil bei der Arbeit mal wieder jemand seine Verdienste ungebührlich nach vorne spielt. In der Liebe geht es um das grundsätzliche Vertrauen in den anderen. Selbstverständlich beruht das auf Gegenseitigkeit. Jeder muss eine wichtige und komplizierte Leistung vollbringen: die Enge der reinen Ichbezogenheit hinter sich lassen und für den anderen da sein. Mit ihm empfinden. Die Gemeinsamkeit über den Eigennutz stellen.

Dem tiefen Status kommt dabei eine ganz besondere Bedeutung zu, denn er ist, klug und richtig gemanagt, die wirksamste Methode, Liebe und Glück zusammenzuführen.

Szene:

Früher Morgen. Sie sind gerade aufgestanden. Ihr Partner ebenfalls. Er hat schlechte Laune. Sie bereiten das Frühstück. Er setzt sich zu Tisch. Sie gießen ihm Kaffee ein. Milch und Zucker nimmt er immer selbst, damit die Dosierung stimmt. Sie haben am Vortag vergessen, Zucker zu kaufen. Als er bemerkt, dass es heute keinen Zucker gibt, sagt er: »Typisch. Du vergisst immer alles.«

Erklären Sie ihm, weshalb Sie den Zucker vergessen haben?

Schütten Sie ihm den Kaffee ins Gesicht?

Sagen Sie ihm, er soll verschwinden und seinen Kaffee im Büro trinken?

Gehen Sie schnell zur Nachbarin und bitten um Zucker?

Weisen Sie ihn darauf hin, dass Sie das Frühstück für ihn zubereitet haben und dass es unverschämt ist, wenn er Sie jetzt so behandelt?

Sagen Sie nichts?

Sagen Sie, dass er recht hat, dass Sie eine schlimme, vergessliche Person sind, die ihren Partner vernachlässigt?

Wie würden Sie gerne reagieren – und wie reagieren Sie wahrscheinlich?

Die selbstbewusste Frau

Sie findet sich im Leben sehr gut zurecht, ist sympathisch und warmherzig, empathisch und von hoher sozialer Intelligenz; die Seele der Familie, der Gemeinschaft, der Beziehung. Sie hat viele positive Attribute und Persönlichkeitsmerkmale und ist motiviert vom Wunsch nach Nähe.

Selbstbewusste Frauen sind nicht selten Status-Könnerinnen, die ihre Position souverän zu wechseln vermögen. Vielfach sind sie nicht sonderlich an Status-Rangeleien interessiert und können deshalb gut außen tief – innen hoch spielen, um auf diese Weise z. B. den sozialen Frieden in Beziehung und Familie zu wahren. Sie setzten ihre Interessen geschickt durch.

In einigen Bereichen der Liebe täte es ihnen gut, wenn sie in der Lage wären, mit ihrem Status virtuoser zu spielen.

1. Die Emanzipierte

Sie ist belesen, gebildet, reist gern, hat einen Beruf, in dem sie erfolgreich ist, weiß sich zu kleiden, kauft bewusst ein, versteht sich darauf, Konflikte zu schlichten, träumt von Prêt-à-porter Kleidung, würde sie aber wahrscheinlich nicht tragen, ist verlässlich und zuverlässig. Meinungsverschiedenheiten werden mit dem Partner diskutiert. Dabei kann es passieren, dass sie zu viele Kompromisse macht. Gehorsam gegenüber ihrem Mann aber wird sie nicht sein.

Nicht selten existiert ein deutlicher Unterschied zwischen ihrem Status im Berufsleben und dem im Privatleben. In ihrem Job sind diese Frauen gewöhnlich problemlos in der Lage, eine innen hohe, außen tiefe Position einzunehmen und ihre Rolle gut auf die jeweilige Situation abzustimmen. Privat hingegen gelingt ihnen diese Selbständigkeit nicht immer. Liebe, Bindung, Nähe, Verständnis, Mitgefühl spielen hier eine größere Rolle als im Beruf. Der Wechsel in die dominante Position wird daher mitunter nicht gewagt, weil die emotionale Seite so stark betont ist.

2. Die Konservative

Sie ist gebildet, belesen, fährt den Zweitwagen der Familie, kleiner als das Auto des Mannes. Sie hat eine Berufsausbildung, arbeitet aber nicht, sondern ist zu Hause und lebt ihre Rolle als Ehefrau und Mutter. Sie tut das gerne. Sie erzieht ihre Kinder wertkonservativ und religiös, nicht streng, aber durchaus konsequent. Zu den Festtagen schmückt sie das Haus mit Liebe zum Detail und viel Engagement. Sie folgt den Ideen ihres Mannes, und dort, wo sie es nicht tut, diskutiert sie nicht, sondern findet einen Weg, ihre Vorstellung auf andere Weise durchzusetzen. Erntet sie dafür den Protest oder Unmut ihres Mannes, lässt sie es wieder – und versucht es zu einem späteren Zeitpunkt noch einmal.

Szene:
Familienausflug. Die Frau möchte ein geselliges Wochenende im Kreis der Familie. Die Kinder, ein Mädchen und ein Junge, 13 und 15 Jahre alt, haben keine Lust. Der Mann kommt mit, will aber vor allem seine Ruhe. Die Voraussetzungen sind also ideal. Über kurz oder lang werden Unstimmigkeiten entstehen. Der Junge wird motzig, das Mädchen zickig, der Vater autoritär und die Mutter unglücklich.

So jedenfalls wird es kommen, wenn niemand sich dazu durchringt, eine konkrete Vorstellung von diesem Tag in Szene zu setzen und die anderen zu überzeugen, vielleicht zu begeistern, in jedem Fall aber für den Gedanken empfänglich zu machen, dass der Tag etwas Positives für sie bereithält. Dazu muss der innere Hochstatus eingenommen werden. Es gilt, Vorschläge zu machen, Stellungnahmen, gegebenenfalls Alternativvorschläge einzufordern und Wünsche zu äußern. Der hohe Status ist unabdingbar, um alle Beteiligten zu einer klaren Aussage zu bewegen: Bist du dabei oder nicht?

Das Vorhaben kann gelingen, wenn es diplomatisch geschickt inszeniert wird. Optimal wäre, wenn am Ende jeder das Gefühl hat, gute Ideen zum Tag beigesteuert zu haben.

Das sagt der Status-Experte:
Wer die besseren Argumente hat, sollte nicht davor
zurückschrecken, in den innen hohen Status zu gehen.

Das Girlie

Zum Charakteristikum von Frauen, die als Girlies bezeichnet werden – sie sind meist jung –, ist festzustellen, dass sie unterhalb ihres aktuellen Reifestadiums agieren. Ob Schottenrock in Mini oder Burberry (Edel-Girlie) – es geht vor allem darum, zu einem beträchtlichen Teil noch Mädchen zu sein und nicht ausschließlich Frau, auch wenn man, in extremen Fällen, bereits Mitte dreißig ist.

Was hat das mit Tiefstatus zu tun? Man spielt unter seinen Möglichkeiten.

Warum? Weil einem Mädchen mehr verziehen wird als einer Frau und ein Mädchen es leichter hat, sich hier und da aus der Verantwortung zu stehlen. Girlies versuchen, das Beste aus beiden Welten für sich herauszuholen: sich in unbequemen Momenten kleiner machen, als man ist, also Mädchen statt Frau sein, und wenn es gut passt, blitzschnell zur vollen Reife erblühen, also Frau statt Mädchen sein. Eine auf den ersten Blick geschickte Strategie. In der Liebe aber kann das schwierig werden, denn der auf den Partner willkürlich wirkende Wechsel zwischen beiden Positionen ist für einen Mann kaum auszuhalten. Er weiß nie so richtig, mit wem er es gerade zu tun hat. Verfügt er zudem nicht über große Gelassenheit – und welcher Mann hat die in seiner Beziehung zu Frauen –, gibt es für ihn so gut wie keine Chance, diese als sprunghafte Launen oder »Verstehe einer die Frauen« erlebten Stimmungswechsel abgeklärt zu meistern. Anhaltende Unstimmigkeiten sind damit vorprogrammiert.

Szene:

Mann und Frau bereiten sich darauf vor, einer Einladung zum Abendessen zu folgen. Er ist bereit, das Haus zu verlassen. Sie steht im Bad, halb angezogen, und schminkt sich.

Er: »Wir kommen zu spät. Beeil dich bitte.«

Sie: »Ich bin gleich fertig.«

Er: »Wir sollten in zehn Minuten dort sein.«

Sie: »Ich weiß, ich weiß, ich weiß.«

Er: »Wie lange brauchst du noch?«

Sie: »Bin so gut wie fertig. Kannst du bitte das Geschenk einpacken?«

Er: »Welches Geschenk?«

Sie: »Liegt auf dem Wohnzimmertisch.«

Er findet das Geschenk.

Er: »Wo liegt Geschenkpapier?«

Sie: »Warte, ich komme.«

Er: »Nein, bleib im Bad und sieh zu, dass wir starten können. Sag mir einfach, wo das Geschenkpapier liegt.«

Sie: »Weiß ich nicht genau, muss ich nachsehen.«

Sie kommt aus dem Bad, sucht eine Zeitlang und holt schließlich Geschenkpapier hervor.

Er: »Danke. Beeil dich bitte.«

Sie geht in die Küche, holt Schere und Klebestreifen.

Er: »Das kann ich selbst. Geh du bitte zurück ins Bad.«

Sie: »Da muss auch noch eine Schleife drum, und ich dachte, wir legen eine Karte dazu. Denkst du dir einen guten Spruch aus?«

Er: »Mach ich. Beeil dich bitte. Das Abendessen beginnt in fünf Minuten. Wir werden jetzt schon mindestens zehn Minuten zu spät sein.«

Sie: »Ich weiß, ich weiß, ich weiß. Wir werden aber nicht die Einzigen sein, die unpünktlich sind.«

Er: »Das heißt nicht, dass wir auch unpünktlich sein müssen.«

Sie: »Was kann ich dafür. Ich musste alles allein organisieren. Wir müssen vorher sowieso noch beim Blumengeschäft vorbei.«

Er: »Wie bitte?«

Sie: »Wir können da doch nicht nur mit einem Buch ankommen. Wir müssen auf jeden Fall noch einen Blumenstrauß mitbringen.«

Er: »Das ist nicht dein Ernst.«

Sie: »Selbstverständlich. Machst du mir bitte einen Kaffee. Ich bin total erledigt und brauche jetzt einen kleinen Wachmacher ...«

Auf den ersten Blick könnte das nach Hochstatus aussehen: Die Frau weiß, was sie will, und setzt es durch. Wenn es tatsächlich so wäre, würde sie sich allerdings anders organisieren und darauf achten, dass kein Chaos entsteht. Doch genau das geschieht hier. Sie verzettelt sich und erweckt gleichzeitig den Anschein, dass sich hier jemand herausreden will und versucht, die Ursachen für das Durcheinander zu ignorieren.

Wie geht der Mann damit um?

Im Tiefstatus wird er wahrscheinlich sauer oder er resigniert, denn er hat keine Chance, sein Interesse durchzusetzen, ist also hilflos. Im doppelten Hochstatus würde er vielleicht allein das Haus verlassen, um pünktlich anzukommen, und seine Frau entschuldigen, weil sie noch etwas zu erledigen hat und daher ein wenig später eintreffen wird. Das würde ihm zwar helfen, der Beziehung aber wahrscheinlich weniger. Im Zustand innen hoch und außen tief könnte es dem Mann gelingen, souverän und verständnisvoll zu reagieren. Er könnte die Gastgeber anrufen und die Verspätung ankündigen. Dann ist die Situation entschärft, was wahrscheinlich beiden hilft, sich zu entspannen.

Die Schlampe

Es gibt Frauen, die tragen die Bezeichnung Schlampe wie einen Ehrentitel. Er ist ihnen eine Auszeichnung und beweist, dass sie eigenständig, unbequem, eigensinnig in einem für sie positiven Sinn handeln. Sie machen ihre eigenen Regeln, und das heißt gleichzeitig, dass herkömmliche Rollenmodelle nicht akzeptiert werden, weder sexuell noch gesellschaftlich, weder ästhetisch noch geschlechtsspezifisch. Sie zeigen sich in Kleidung, Sprache, Intellektualität und auch in Bezug auf die eigene Herkunft unangepasst. Sie leben eine aktive Statusverweigerung, mitunter bis zur Unschicklichkeit: Tabuverletzung als gute Tat.

Eine Schlampe fällt ganz selbstverständlich, und mit einem gewissen Stolz, aus den herkömmlichen, erwarteten Rollenmustern heraus und spielt tiefer, als es ihrer sozialen, individuellen, intellektuellen Herkunft entspricht. Ihre Regelbrüche und Verweigerungen sind inszeniert, nicht unbedingt bewusst, doch stets mit einer klaren Richtung: nach unten, in einen tiefen Status, inklusive der Weigerung, das eigene Potenzial – Talente, Bildung, Können – voll auszuschöpfen. Die Opposition ist wichtiger als eine mögliche Karriere, Ehe, Mutterschaft. Wird dieser Eigensinn vom Partner nicht geliebt – falls es einen Partner gibt –, ist Streit für alle Zeiten garantiert, denn ihren innen tiefen Status kompensiert eine Schlampe mit äußerem Hochstatus: Gezankt wird heftig und recht gnadenlos.

Szene:

Mann und Frau in der Küche. Es geht noch einmal um den Zucker, den sie vergessen hat, was er bissig und abfällig mit: »Typisch, du vergisst immer alles« kommentiert hat.

Sie: »Kannst du das bitte lassen?«

Er: »Was?«

Sie: »Mich runterzumachen.«

Er: »Kannst du bitte zuverlässig werden?«

Sie: »Was soll das heißen?«

Er: »Dass es nicht das erste Mal ist, dass wir morgens keinen Zucker haben. Sag mir rechtzeitig Bescheid, dann besorge ich selbst welchen.«

Sie: »Gute Idee. Besorg ihn selbst. Und dann kannst du auch gleich jeden Morgen Frühstück machen.«

Er: »Klar. Großartig. Und was machst du?«

Sie: »Ich hacke auf dir rum und meckere über alles, was du falsch machst.«

Er: »Interessant.«

Sie: »Noch besser wäre, wenn du ab jetzt im Büro frühstückst.«

Er: »Was soll das bringen?«

Sie: »Dann geht es mir besser. Mir geht es sowieso besser, wenn du nicht da bist.«

Und so weiter.

Der eine schenkt dem anderen nichts. Da beide von ihrem Standpunkt aus recht haben – sie interessieren sie ja nicht für die Gefühle des anderen –, endet das Spiel nicht. Die einzig mögliche Veränderung besteht in der Steigerung: Die Waffen werden schärfer und die damit zugefügten Verletzungen schwerer, bis hin zur Scheidung – und nicht selten darüber hinaus.

Was würde geschehen, wenn eines der Wundermittel – Demut oder Humor – zum Einsatz käme? Wem würde was helfen?

Für beide hilfreich wäre Demut. Rückt einer ein Stück weit aus dem Mittelpunkt und macht ein bisschen Platz für den anderen, ist der ganze hässliche Zauber ziemlich schnell vorbei, und man kann sich wieder mehr auf die Vorzüge des anderen konzentrieren.

Das Mäuschen

Auch als grau bezeichnet oder als Mauerblümchen. Auffällig an beiden Etiketten ist, dass da keine Farbe ist, sondern lediglich etwas vor sich hin kümmert. Kleiner kann eine Frau sich nicht machen. Die Daseinsform des Mäuschens ist der tiefste Status, der zur Verfügung steht. Er sagt: Ich bin gar nicht da – nicht als Frau, nicht als Partnerin, nicht als Freundin, schon gar nicht als Konkurrentin. Ich tue nichts, das irgendjemanden auf mich böse oder auch nur ärgerlich machen könnte. Auf keinen Fall. Niemals.

Die Formen des Verschwindens, des Nicht-vorhanden-Seins, des Kicherns und Glucksens von Mäuschen bewirken, dass sie nicht ernst genommen werden. Niemand ist interessiert an ihnen. Niemand lädt sie ein, geht mit ihnen aus, nicht mal, wenn sie hübsch sind. Niemand kommt auf die Idee, ihnen zum Geburtstag zu gratulieren, den sie selbstverständlich auch lieber geheim halten, usw.

Der Wunsch nach Nähe, der sich hinter diesem Verhalten verbirgt, ist sehr, sehr groß. Die Angst vor Distanz ebenfalls. Deshalb sind diese Frauen lieber das fünfte Rad am Wagen und kümmern am Rande der Ereignisse vor sich hin, als gar nicht dabei zu sein: Ich bin eigentlich gar nicht da. Kümmert euch nicht um mich. Lasst mich einfach hier sitzen und zuhören. Es geht mir gut. Ehrlich! Der Typ Mäuschen ist begeisterte Konsumentin von Telenovelas, in denen viele ihrer unerreichbaren Träume realisiert werden.

Für die Liebe ist das keine sonderlich gute Voraussetzung. Die Position des immerwährenden Dienens und Zustimmens, des Duldens und Verzeihens, des Umsorgens und Wohlmeinens ist für den Partner auf Dauer nur schwer zu ertragen. Er findet in solch einer Frau kein Korrektiv, keinen Gegenpart, keine Spannung. Erotik auch nicht. »Ein Mädchen wie ein Fleck Wasserfarbe«, hat ein unbekannter Dichter über solch ein Wesen bedauernd geschrieben, »wenn sie sich doch selbst mehr zutrauen würde ...«

Szene:

Wochenende. Gutes Wetter. Später Nachmittag. Mann und Frau (Kümmertante) auf der Veranda vor ihrem Haus.

Sie: »Schatz, willst du etwas essen?«
Er: »Danke, nein.«
Sie: »Ich könnte uns was Leckeres machen.«
Er: »Vielleicht später.«
Sie: »Ich glaube, ich mach uns was.«
Er: »Für mich nicht. Danke.«

Sie geht in die Küche und beginnt zu kochen. Eine halbe Stunde später.

Sie: »Schatz, Essen ist fertig.«
Er: »Danke. Hab noch keinen Hunger.«
Sie: »Jetzt komm schon. Ich hab etwas ganz Leckeres gekocht.«
Er: »Vielleicht später.«
Sie: »Dein Lieblingsgericht. Extra für dich.«
Er: »Das ist lieb, aber ich will wirklich nicht.«
Sie: »Na komm schon. Der Appetit kommt beim Essen. Ich hol dir noch ein schönes Bier.«
Er: »Vielleicht später.«

Sie öffnet eine Flasche Bier und bringt ein Glas.

Sie: »Schön kühl. Probier mal.«
Er: »Ich will eigentlich nicht.«
Sie: »Probier mal. Nur ein winziges Schlückchen.«

Er kostet das Bier.

Er: »Sehr gut.«
Sie: »Siehst du. Es passt hervorragend zu Schweinebraten,
      und genau der wartet im Esszimmer auf dich.«

Stellt man sich solche Situationen über den gesamten Tag verteilt vor – und geht man davon aus, dass die Frau alles, wirklich
alles tut, um ihrem Mann jede Menge Wünsche zu erfüllen –,
dann kann man sich leicht vorstellen, wohin das führen muss.
Es kann nicht gutgehen. Der Wunsch zu dienen und zu bedienen, zu pflegen und Wünsche zu erfüllen führt bei solcher
Übertreibung in eine Sackgasse. Das große Risiko besteht darin, mit dieser Masche genau das Falsche zu tun, denn wenn das
Objekt der Pflege keine Wünsche hat, werden sie beinahe
zwanghaft erfunden, um sie dann erfüllen zu können. Das geht
nicht nur an der Realität vorbei, sondern auch am grundlegenden Bedürfnis des anderen nach Respekt und Mündigkeit.

Sie: »Ist dir kalt?«
Er: »Nein, alles prima.«
Sie: »Ich hole dir eine Decke …«

Tiefstatus-Männer – Familienväter, Softies, Nerds

Richten wir unseren Blick auf die Männerwelt – in Status-Be-
langen ein diffiziles Thema, denn für Männer ist es zuerst einmal schwieriger, dem tiefen Status etwas Positives abzugewin-
nen, als für Frauen, und entsprechend kompliziert sind die
Inszenierungen, die daraus folgen. Mancher Mann würde aus
allen Wolken fallen (oder böse werden), wenn man sein Verhalten als typisches Tiefstatus-Verhalten bezeichnet bzw. de-
maskiert. Also auf in den Kampf …

Der Familienvater

Er fährt nicht das Auto, das seinem Typ entspricht oder von
dem er träumt, nein, er fährt Kombi – das vernünftige Auto,

das Familienauto. Er ist der Versorger der Familie und füllt diese Rolle aus. Er ist vielleicht nicht sonderlich attraktiv, lässt sich von seiner Frau einkleiden und zieht gelegentlich, zum Ausgleich für das eher gleichförmige Berufs- und Familienleben, mit den Kumpels um die Häuser, was im Laufe der Jahre aber nachlässt.

Der Familienmann leistet sich keine teuren Eskapaden, weder übertriebene Status-Symbole noch kostspielige Hobbys. Er kann aber, wenn der Restabenteurer in ihm noch nicht ganz zur Ruhe gekommen ist, zu Extremsportarten neigen.

Er hält sich durch Joggen fit, ist dabei aber nicht verbissen, sondern vernünftig. Vernunft ist ohnehin die Konstante in seinem Leben. Er trägt viel Verantwortung für die Familie und wird dieser Aufgabe vor allem dadurch gerecht, dass er sein Denken und Handeln in ihren Dienst stellt. Alles ist familienkompatibel. Emotional findet er unter anderem Ausgleich in der Nutzung von Maschinen für Haus und Garten. Er heimwerkert und hat einen fahrbaren Rasenmäher. Nicht selten ist er Fußballfan, der vor dem Fernseher auch mal die Contenance verliert, wenn die eigene Mannschaft spielt. Vielleicht trinkt er dazu Bier aus der Dose und verzehrt Kartoffelchips mit der Geschmacksrichtung Currywurst.

Sein Status-Verhalten ermöglicht ihm, familienerhaltend, familienfördernd, familienschützend zu wirken. Innerhalb dieses Rahmens ist er in der Lage, den Status von tief auf hoch zu wechseln und das Beste für seine Familie herauszuholen. Sie wünscht sich, er würde das öfter und manchmal auch früher machen.

Szene:
Mann und Frau in der Küche. Es geht um den Zucker.

Er: »Oh, kein Zucker.«
Sie: »Hab ich vergessen einzukaufen.«

Er: »Kaffee ohne Zucker geht gar nicht.«

Sie: »Tut mir leid.«

Er: »Macht nichts. Hab vorgestern im Restaurant ein paar
Zuckertütchen mitgenommen. Für alle Fälle. Falls mal
der Zucker ausgeht. Sind, glaube ich, noch in meinem
Jackett.«

Er steht auf und holt die Zuckertütchen.

So einfach kann das sein mit dem Zucker und dem Frühstück
und der Wertschätzung. Selbst wenn die Situation nicht neu
ist und der Zucker tatsächlich schon mehrfach gefehlt hat, der
Mann weiß darum und reagiert nicht rein selbstbezogen, sondern zeigt Qualitäten eines echten Teamplayers. Er geht für
die größere Idee in den tiefen Status und dient der gemeinsamen Sache. Ihm sind ein harmonisches Frühstück und die
Würde seiner Frau wichtiger als die Rechthaberei.

Welch gewaltiger atmosphärischer Unterschied in den Szenen herrscht – für ein paar Gramm Zucker und wie man damit
umgehen kann, wenn man mit den Chancen des tiefen Status
umzugehen weiß.

 Das sagt der Status-Experte:
**Die wohltuende Kraft des Status-Spiels liegt im
dynamischen Wechsel der hohen und tiefen Positionen.**

Der Softie

Den klassischen Frauenversteher zeichnet aus, dass er sich den
konventionellen, herkömmlichen Mann-Bildern verweigert,
die allermeist im Hochstatus angesiedelt sind: Kraft, Stärke, Erfolg, Durchsetzungsfähigkeit, Führungsqualität, Schutz etc. All
das bietet der Softie nicht. Will es auch nicht und ist sogar be-
müht, es zu vermeiden. So muss er zwangsläufig in den tiefen
Status gehen. Das ist gar nicht so einfach, denn es widerspricht

dem einen oder anderen männlichen Reaktionsmuster, das sich auch bei ihm durchaus spontan und automatisch einstellen kann. Um damit klarzukommen, werden diese Muster innerlich abgelehnt. Man arbeitet an sich, um solch primitive Reaktionen zu überwinden. Damit betreten wir ein kompliziertes Gebiet. Meist wird die Verweigerungshaltung, nicht unbedingt schlüssig argumentiert, ideologisch begründet. Man ergeht sich in reiner Lehre, z. B. in den Bereichen Gewaltfreiheit oder Ökologie, und wird dabei mitunter fast militant. Mancher Vegetarier blickt auf den Fleischfresser mit Verachtung herab und stellt dabei das Ideal über den Mitmenschen. Hier scheitern Toleranz und Mitgefühl nicht selten kläglich.

Der klassische Softie meidet Männergesellschaften und kleidet sich treffsicher unattraktiv. Er fährt ein umweltverträgliches Auto. Möglich ist aber auch, dass es bereits sehr alt und damit eine ziemliche Dreckschleuder ist.

Eine komplizierte Variante des Softies ist der Typus, der seine unbewussten oder unterdrückten Status-Gelüste durch die Freundschaft zu einem Hund befriedigt, womit keinesfalls gesagt sein will, dass alle Hundebesitzer Softies sind oder dass Softies, die einen Hund haben, zwangsläufig Status-Versager sein müssen.

Die liebenswerte Seite des Softies ist seine aufrichtige Überzeugung, dass zu viel Männlichkeit viel eher Unheil anzurichten vermag als ein Mann, der auch seine weiblichen Attribute lebt. Zotige Witze in Männerzirkeln lehnt er angewidert ab. Findet er gar nicht lustig. Bereitet ihm deutlich sichtbares Unwohlsein.

Des Softies Verhältnis zu Frauen und zur Liebe ist kompliziert, weil es viele Regeln gibt:

»Ich bin kein Mann für eine Nacht – ist nicht mein Ding. Ich mache Frauen nicht an – ist mir zu oberflächlich. Ich warte lieber darauf, dass sie mich anspricht.«

Ergreift er doch einmal die Initiative, tut er das gerne in Form einer Entschuldigung:

> »Nicht dass Sie das jetzt falsch verstehen, von wegen Mann spricht Frau an oder so – nee –, ist mir wichtig, dass das keinen falschen Eindruck erweckt …«

Dieses Verhalten führt dazu, dass er nicht sonderlich viel Kontakt zum anderen Geschlecht hat und bestehende Kontakte häufig nicht lange aufrechtzuerhalten vermag.

Wenn doch, dann gewöhnlich in der Rolle des guten Freundes, dem sie ihre Sorgen schildert, der sie begleitet, wenn sie allein auf die Piste geht, dem sie ihren Kummer anvertraut, weil er so verständnisvoll ist. Erotische Wechselwirkungen spielen in Bester-Freund-Beziehungen keine Rolle. Man kann gut mit ihm reden, und – noch wichtiger – er tut nichts. Taugt prima als Begleiter und Helfer beim Umzug. Fordert keine Gegenleistung, außer vielleicht ein Stück Kuchen …

Somit zwangsläufig in den Randzonen der Liebe dümpelnd, treibt der Softie sich sehnsüchtig in den Singlebörsen des Internets herum, um dort die Richtige zu finden, denn nach ihr ist er unaufhörlich auf der Suche.

Der Nerd

Grundmuster: Büroangestellter, Kleinwagenfahrer, eher unsportlich. Diese Klassifizierung ist ein Anhaltspunkt und heißt nicht, dass jeder Büroangestellte oder Kleinwagenfahrer oder Büroangestellte mit Kleinwagen ein Nerd ist.

Im Kern geht es um einen Typ Mann, der unter anderem wenig Sinn für Mode und Ästhetik hat und dieses Desinteresse nicht nur durch die Art ausdrückt, wie er sich kleidet, sondern auch durch die Einrichtung seiner Wohnung. In sozialen und gesellschaftlichen Angelegenheiten unengagiert, ist er gleichzeitig oft praktisch veranlagt; heimwerkert, computert, sammelt Krimskrams wie Spielzeugautos, Eisenbahnen, Comic-Hefte etc. und kann alles Mögliche und Unmögliche hervorragend reparieren. Er ist ein Außenseiter, versteht sich selbst aber nicht so, und das ist ein interessanter Punkt in Bezug auf die Frage nach seinem Status. Da er in vielerlei Hinsicht um sich selbst kreist, nimmt er viele Status-Spiele gar nicht wahr. Gerät er unausweichlich in einen Status-Kampf, reagiert er konfliktvermeidend und findet schnell praktische, unaufwendige Lösungen: »Wenn's unbedingt sein muss, mach ich das halt...«, oder »Na ja, toll ist das nicht unbedingt, aber was soll's...«

Der Nerd lebt in seiner eigenen Welt und folgt vor allem seinen eigenen Werten und Vorlieben. Sozialen und gesellschaftlichen Auseinandersetzungen – genau das sind Status-Spiele ja – weicht er nach Möglichkeit aus. Deshalb bleibt ihm nur der tiefe Status: Er geht nicht oder nur selten in die Konfrontation. Leichtes Spiel für geübte Status-Kämpfer.

In der Liebe ist der Nerd schüchtern. Er himmelt Frauen an, unternimmt aber nichts, und wenn doch, dann garantiert das Falsche. Sein Wunsch nach Nähe macht ihn zu einem Partner, der, ähnlich wie der Softie, zum Klammern neigt. Wenn er einmal zugefasst hat, lässt er nicht wieder los. Er ist also treu, aber nicht sonderlich spannend, verlässlich, aber wenig initiativ.

Wir tun uns nichts – Doppelter Tiefstatus und wenn beide auf Machtspiele verzichten.
Was passiert, wenn sich Partner zusammenfinden, die beide einen tiefen Status bevorzugen? Manche Kombination der beschriebenen Charaktere mag da merkwürdig anmuten: Der Nerd und das Girlie oder der Softie und die Schlampe sind vielleicht schwer vorstellbar, doch auszuschließen ist nichts. Die Liebe fällt hin, wo sie hinfällt, und die Beziehungen der Menschen sind vielfältig. Grundsätzlich ist also nichts unmög-

lich, nichts unvorstellbar. Kombinieren Sie selbst. Würfeln Sie Tiefstatus-Frauen und Tiefstatus-Männer in bunter Mischung zusammen und stellen Sie sich vor, was passiert:

> Wie lernen sie sich kennen?
> Wie verläuft das erste Date?
> Das zweite, das dritte?
> Wann wissen sie, dass sie ein Paar sind?
> Wie reden sie miteinander in der Phase der Verliebtheit – von »Hasilein« hier und »Täubchen« da bis »Hey Macker« und »Yeah Baby«?

Szene:
Eine Frau geht jeden Morgen zum Bäcker, um frische Gipferl für ihren Mann zu holen. Sie tut es sehr ungern, aber sie tut es ihrem geliebten Mann zuliebe.

Ihr Mann isst jeden Morgen die frischen Gipferl. Er hätte viel lieber etwas anderes, aber er isst die Gipferl seiner geliebten Frau zuliebe.

Dieses Beispiel, entnommen den Lehren des berühmten österreichischen Verhaltensforschers Paul Watzlawick, zeigt auf amüsante Weise, was passiert, wenn man es dem anderen allzu recht machen will. Das Faszinierende an dem Phänomen ist,

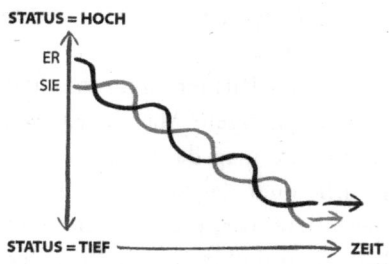

dass jeder sich seine eigene Wirklichkeit ausdenkt und sich ausschließlich darin bewegt: gedanklich, moralisch, ideell, kulturell und emotional. Ich stelle mir vor, was der andere gerne hat, und verhalte mich entsprechend. Zu einer Überprüfung des Gedankens kommt es dabei nicht.

Warum nicht?

Es dem anderen recht zu machen bedeutet, ihm zu dienen. Das ist eine gute Idee. Dem anderen jeden Wunsch von den Augen abzulesen hingegen ist keine so gute Idee. Dieses scheinbar romantische Bild einer idealen Hingabe an den anderen ist in Wirklichkeit seine Entmündigung. Was immer an Wünschen von den Augen des anderen abgelesen wird, es ist eine Interpretation und kann ziemlich weit von dem abweichen, was der andere tatsächlich will. Würden Mann und Frau über die Sache mit den Gipferln reden, käme möglicherweise heraus, dass der Mann einmal, vielleicht auf einer Reise, zum Frühstück Gipferln gegessen hat. Da er an diesem Morgen gute Laune hatte und die Stimmung zwischen den beiden schön war, hat die Frau daraus geschlossen, dass es an den Gipferln lag; dass sie zumindest ihren Anteil an der schönen Stimmung hatten. Jetzt muss man nur noch vermeiden, darüber zu reden, und das Missverständnis ist perfekt. Das Risiko liegt in der Übertreibung. Das Problem entsteht aufgrund einer Tiefstatus-Maßlosigkeit: Es ist zu viel des Guten.

Manche Menschen neigen dazu, ihre Hilfsbereitschaft bis zur Selbstaufgabe zu übertreiben. Dann ist ein Zustand erreicht, der Leid verursacht, mitunter beträchtlich.

 Das sagt der Status-Experte:
Die positiven Kräfte des tiefen Status verkehren sich ins Gegenteil, wenn der Wunsch nach Nähe übertrieben wird: Sie wirken zerstörerisch.

Hochstatus-Frauen – Begehrenswert, weil unerreichbar
Die kühle Blonde

Hochstatusmänner und -frauen leben innen und außen hoch. Für Frauen ist die doppelte Hochstatus-Position ungleich schwerer zu leben als für Männer, weil im öffentlichen Leben sehr viel weniger Raum für Hochstatus-Frauen als für Hochstatus-Männer zur Verfügung steht. Vergleichen Sie dazu die Anzahl der Frauen in Führungspositionen von Wirtschaft, Politik, im Vereinswesen oder in der Kultur. Sicher, es gibt sie, doch in Anbetracht der Tatsache, dass die Hälfte der Bevölkerung, ja der Menschheit, aus Frauen besteht, sind sie in den klassischen Hochstatus-Bereichen des öffentlichen und gesellschaftlichen Lebens stark unterrepräsentiert. Dieser Mangel an Möglichkeiten zur Nutzung der eigenen Charakterstärken ist nicht der einzige, der der Hochstatus-Frau das Leben schwer macht. Auch als Objekt der Begierde sieht sie sich Herausforderungen gegenüber, die für sie nur schwer zu meistern sind. Empfängt sie Signale des Interesses an ihrer Person, sendet sie mehr oder weniger automatisch ablehnende Signale zurück. Es ist die Einladung zu einem Spiel, sicherlich, und es bedeutet, dass sie umworben sein will. Zu ihrem nicht unerheblichen Verdruss aber wirkt das vor allem auf Machos. Die aber, das weiß sie genau, haben kein ernsthaftes Interesse, sondern sehen sie nur als mögliche Eroberung. Da bleibt ihr nichts anderes übrig, als noch kühler zu werden, was wiederum dazu führt, dass sie um eine weitere Stufe ablehnender wirkt. Hat sie ihr Leben einige Jahre so verbracht, kann sie kaum noch anders.

Der Mangel an Raum im öffentlichen, gesellschaftlichen und sozialen Leben schreckt die Hochstatus-Frau nicht. Sie muss dort mehr und intensiver arbeiten als Männer und tut das auch. Ohne Murren. Dieses enorme Pensum, nicht selten wie Arbeitswut anmutend, hat neben den bereits beschriebenen Faktoren noch ein weiteres Motiv: Viel Arbeit hilft viel. Man lädt sich all das auf, weil es in Bezug auf die gefährlichen, undurchsichtigen, rätselhaften Anliegen der Männer entlastend wirkt. Hochstatus-Frauen sind ja aufgrund ihrer stark ablehnenden Haltung oft recht unerfahren in Sachen Liebe, Erotik, Sex – und bleiben das häufig auch ihr Leben lang.

Szene:
Hochstatus-Frau trifft auf Hochstatus-Mann.

Er: »Ihre Schönheit ist ein Problem. Sie befürchtet, dass niemand sie ernst nimmt.«

Sie: »So wie jede attraktive Frau, die halbwegs bei Verstand ist.«

Er: »Stimmt, aber diese versucht es mehr als wettzumachen, indem sie maskuline Kleidung trägt, aggressiver agiert als ihre Kolleginnen. Sie wirkt deshalb ein bisschen verbissen, und paradoxerweise mindert das ihre Chance, von ihren männlichen Vorgesetzten akzeptiert und befördert zu werden, die ihre Unsicherheit als Arroganz fehldeuten.«

James Bond, Casino Royal

Da Gefühle nur schwer zugelassen werden können, hat die kühle Blonde vorwiegend negative Erfahrungen gemacht, die sie zudem sehr verletzt haben; denn sie ist, unabhängig von ihrer sozialen Herkunft und Bildung, intelligent und sensibel. So fürchtet sie sich, nicht zuletzt aufgrund ihrer mangelnden Lebenserfahrung, überdurchschnittlich stark vor weiteren schlechten Erfahrungen und schmerzhaften Enttäuschungen.

Status-Spiele beherrscht sie nicht zuletzt aus diesem Grund gut: Nicht zurückrufen, wenn sie angerufen wird, nicht erreichbar sein, nicht ans Telefon gehen. Verabredungen sind frühestens in drei Wochen möglich und werden dann kurz vorher abgesagt etc.

Modisch ist sie topp gekleidet: seriös, gekonnt, elegant. Sie sieht immer gut aus. Ist zudem perfekt gepflegt, dezent geschminkt; auch das wieder sehr gekonnt. Ihre Wohnung ist ästhetisch sicher eingerichtet, wenn auch ein bisschen kühl. Ihr Körper ist unter Kontrolle. Sie macht Fitness, hält dabei ihren strengen Stunden- und Leistungsplan konsequent ein und ist auch beim Joggen, Radfahren, Pilates etc. topp gestylt. Ihre Figur ist tadellos, ihre Ernährung bewusst – und im Schlafzimmer gibt es vielleicht noch ein Kuscheltier.

Die Voraussetzungen für die Liebe sind damit recht kompliziert. Viele Details beherrscht sie perfekt, vor allem äußere – Figur, Stil, Kultur, Selbständigkeit, Disziplin. Andere wichtige Aspekte beherrscht sie hingegen kaum: Lebenserfahrung, Selbstsicherheit, Vertrauen. Um sie durch all ihre Schutzwälle hindurch zu erreichen, bedarf es des Außergewöhnlichen. Der Mann, der für sie der Richtige wäre, kann eigentlich kein anderer sein als ein Märchenprinz; jemand mit vielen Hochstatus-Insignien und starkem Durchsetzungswillen. Ein Eroberer. Einer, der sie emotional betört. Das holt sie heraus aus dem Panzer ihrer Korrektheit und Perfektion. Die Mittel dazu sind frei. Meist spielt Kitsch eine nicht unwesentliche Rolle. Oft kann es gar nicht kitschig genug sein.

Ein Blick in Literatur- und Kinoklassiker zeigt endlose Variationen schnulziger Eroberungsszenarien, und es sind vor allem die Hochstatus-Frauen, die dabei schwach werden und ins Schwärmen geraten. Es ist stets die Geschichte vom schönen, strahlenden Helden: junger Mann aus gutem Haus, der um sie wirbt und nicht müde wird, es immer wieder zu versuchen, charmant, zurückhaltend, dennoch hartnäckig und unerschrocken, charakterstark. Er macht ihr teure Geschenke, schickt üppige Blumenbouquets, überrascht mit Schmuckstücken, führt sie auf Gesellschaftsabenden in die richtigen Kreise ein. Sie lehnt das alles zunächst ab, würdigt seine Gaben keines Blickes. Mit der Zeit wird sie gnädiger, lässt ihn ein Stück näher heran, um ihn dann gleich wieder auf Distanz zu halten, weil er den nächsten Schritt gewagt hat. Wieder muss er geduldig beweisen, dass er eine Persönlichkeit mit finanziellem und gesellschaftlichem Status ist. Das Ganze dauert so lange, weil sie so unerfahren und unsicher ist, was sie aber auf keinen Fall zeigt, sondern hinter ihrer kühlen Unnahbarkeit wirkungsvoll verbirgt.

Hat sie sich schließlich erobern lassen und muss nachträglich feststellen, dass der Prinz ihr doch nicht das Wasser reichen kann, wird sie nicht lange bleiben. Erlauben gesellschaftliche oder religiöse Konventionen ihr nicht, ihn zu verlassen, beginnt sein Martyrium. Sie lässt ihn ihre Enttäuschung deutlich und stetig spüren, mit teilweise fatalen Folgen für beide Partner, denn das Verhältnis verroht mit der Zeit zusehends. Ihre Vorwürfe vergällen beiden die Lebensfreude und vernichten die gegenseitige Wertschätzung; dauerhaft und irreparabel.

Die Powerfrau

Ihr Wunsch nach Distanz lässt sie abweisend agieren. Sie hält schnell das Heft in der Hand und übernimmt das Kommando. Ihr Wunsch nach Distanz drückt sich auch in ihrem äußeren Erscheinungsbild aus. Sie kleidet sich nicht sonderlich attraktiv, ist in ihrer Körpersprache eher kantig und burschikos. Körperlich ist sie zuweilen korpulent und nicht sonderlich anziehend. Sie legt auch keinen Wert darauf. Nicht mehr. Die Enttäuschungen oder gar Verletzungen der Vergangenheit reichen diesen meist sehr sensiblen Frauen. Sie wollen das Risiko nicht noch einmal eingehen.

Ihr Leben im doppelten Hochstatus führt die Powerfrau als Bestimmerin. Bevor ein anderer die Richtung vorgibt, hat sie es bereits selbst getan.

Ihren Alltag lebt sie als resolute Mutter, jovialer Kumpel, launische Chefin, burschikose Freundin, kommandierende Partnerin.

Ist sie Single und in fortgeschrittenem Alter, scheint sie das Thema Liebe weitgehend abgeschlossen zu haben. Es kann sein, dass sie etwas sagt wie: »Weiße Männer mag ich nicht«, und ihren Urlaub in Afrika verbringt. Die Liebe ist ihr nämlich keineswegs gleichgültig, aber sie ist sehr, sehr kompliziert und so voller Gefahren, dass sie sich nicht – mehr – richtig traut.

Szene:
Mann und Frau auf einem Spaziergang. Sie kommen an einem Rasthaus vorbei, und sie schlägt vor, eine Pause zu machen, um etwas zu essen.

Er: »Ich weiß nicht.«
Sie: »Hast du keinen Hunger?«
Er: »Nicht so richtig. Ein bisschen.«
Sie: »Dann isst du nur eine Kleinigkeit.«
Er: »Wir können auch noch ein Stück weitergehen und dann ein anderes Lokal ansteuern.«
Sie: »Weißt du, wie weit es zum nächsten ist?«
Er: »Nein. Du?«
Sie: »Nein. Weiß ich auch nicht.«
Er: »Wird sicher nicht so weit sein.«
Sie: »Vielleicht eine halbe Stunde? Oder eine Stunde?«
Er: »So weit?«
Sie: »Ich weiß es nicht. Ist nur eine Vermutung. Lass uns hier einkehren.«
Er: »Ich weiß nicht.

Bevor das noch eine Weile so weitergeht und sich schließlich in eine unangenehme Richtung entwickelt, muss eine Entscheidung getroffen werden.

Sie: »Ich werde jetzt auf jeden Fall da reingehen und etwas essen. Du kannst entweder mitkommen oder hier draußen auf mich warten.«

Oder:

Sie: »Ich lade dich ein, und wir gönnen uns eine köstliche Kleinigkeit.«

Im ersten Fall geht sie in den doppelten Hochstatus, im zweiten Fall ist es ihr gelungen, die Status-Position innen hoch und außen tief einzunehmen.

 Das sagt der Status-Experte:
Eine interessante Chance besteht in der bewussten Wahl zur feinfühligen Führung der Unentschlossenen.

Das Kampfküken

Frauen dieses Typus treten scheinbar selbstbewusst auf (außen hoch), fühlen sich aber eher schwach (innen tief) und müssen sich daher ständig selbst beweisen. Dazu gehen sie in der Beziehung zu anderen Frauen und Männern, auch zu ihrem eigenen Mann, schnell in Konkurrenz und Wettstreit. Nicht selten wird dabei mehr oder weniger prinzipiell die gegenteilige Position eingenommen. Sagt er A, sagt sie B. Ist sie intellektuell gebildet oder schlagfertig, oder beides, weiß sie stets sehr gut zu argumentieren und vertritt ihre Position geschickt. Kommt es hart auf hart, wird grundsätzlich alles in Frage gestellt – eine hervorragende Methode, den Status immer wieder neu zu verhandeln, vor allem dann, wenn das Status-Spiel sich zu eigenen Ungunsten entwickelt. Dann heißt es: Alles wieder auf null, nochmal von vorne …

Diskutiert wird dabei auf der Sachebene, die allerdings lediglich als Bühne dient. Im Kern geht es um die Beziehungsebene. Durch diese Diskrepanz zwischen besprochenen Themen und gemeintem Inhalt kommt es zu immerwährenden Status-Rangeleien, die anscheinend nie enden. Ihr Zweck ist die Erlangung von Aufmerksamkeit. Um dazu die Sachebene nicht verlassen zu müssen, zeigt man sich uneinsichtig oder gar schwer von Begriff, wenn der andere versucht, den Ursachen für die Querelen auf den Grund zu gehen. Oder man führt Argumente ins Feld, gegen die kein Kraut gewachsen ist: »So sind wir Frauen nun mal«, oder: »Männer können das eben nicht verstehen.«

Es sind Provokationen, die geschickt eingefädelt werden und Reaktionen hervorrufen sollen, die der Frau ermöglichen, die Schuld (und es geht in solchen Auseinandersetzungen häufig um Schuldfragen) beim anderen abzuladen:

Szene:
Flughafen. Mann und Frau stehen gemeinsam am Check-in. Er reicht die Tickets über den Tresen. Die freundliche Dame der Fluggesellschaft gibt sie ihm zurück mit dem Hinweis, dass sie erst für den nächsten Tag gültig sind.

Sie: »Das kann nicht sein. Unmöglich.«

Er: »Das gibt's doch nicht. Sie sind tatsächlich erst morgen gültig.«

Sie: »Aber wir müssen heute fliegen. Wir müssen unbedingt heute fliegen. Wieso sind sie denn erst für morgen? Hast du sie etwa falsch gebucht?«

Er: »Offensichtlich.«

Sie: »Du Idiot. Wir müssen heute fliegen. Unbedingt.«

Er: »Schatz. Ich hab mich im Datum geirrt.«

Sie: »Das hilft uns jetzt auch nicht weiter. Wenn wir heute nicht fliegen – das ist die reinste Katastrophe.«

Er: »Sehen wir mal, was sich machen lässt.«

Sie: »Da ist nichts zu machen. Wir haben keine Tickets für heute. Wir stehen da wie die Idioten.«

Er: »Ich werde versuchen umzubuchen.«

Sie: »Das wird nichts. Es ist Reisezeit. Alle Flüge sind voll. Garantiert. Außerdem werden wir alle Frühbucherrabatte verlieren. Es wird ein Vermögen kosten – falls es über-

haupt noch Tickets gibt, was ich bezweifle. Es ist Reisezeit.«

Wie kann es dem Mann gelingen, die Angelegenheit nicht weiter eskalieren zu lassen und eine konstruktive Lösung anzustreben? Er muss in den Status innen hoch, außen tief!

Er: »Ich werde versuchen, sie umzutauschen. Vorher gehen
wir ins Bistro, und du bestellst dir einen Latte macchiato
und wartest auf mich. Und auf dem Weg dorthin kaufen
wir eine Zeitschrift, damit dir die Zeit nicht so lang
wird ...«

Wenn es hektisch wird, und das wird es meistens, wenn größere Vorhaben nicht wie geplant laufen, ist immer der im Vorteil, der die Ruhe bewahrt. Während alle, die sich von der Hektik anstecken lassen oder in Panik geraten, schnell den Überblick verlieren und damit auch ihre Handlungskompetenz, behält der Ruhige die Kontrolle über die Situation. Er tut das, indem er wieder verlangsamt, was durch die Hektik zu schnell geworden ist. Langsamkeit ist in Stresssituationen ein ganz klares Signal für hohen Status, und sie ist eine der ganz großen Chancen im Status-Spiel.

Das gilt auch für weniger angenehme Strategien. Wer zum Beispiel andere warten lässt, dokumentiert damit einen hohen Status, denn er stiehlt ihnen die Zeit. In früheren Tagen galt das als erstes Privileg der Könige. Nichts konnte begonnen werden, weder eine Mahlzeit noch ein Fest, noch sonst eine Tätigkeit bei Hof – nicht einmal die heilige Messe –, bevor die Majestät erschien. Sie kontrollierte mit diesem Privileg den Hofstaat.

Im Alltag unserer Liebesbeziehungen ist es sicher von Vorteil, die eine oder andere Situation durch Gelassenheit zu entschärfen, wenn beide Partner sich z. B. gegenseitig ins Wort

fallen, einander Vorwürfe machen, sich unschöner Charakter-
eigenschaften bezichtigen usw. Wer in solchen Momenten
sich – und damit die Situation – verlangsamt, kann das Gespräch bald wieder in konstruktivere, verständnisvollere Bah-
nen lenken.

Hochstatus-Männer – warum sie so attraktiv und häufig doch enttäuschend sind

Alle Männer, die unter dieser Überschrift zusammengefasst
sind, werden als Archetypen beschrieben. Manche Attribute
überschneiden sich, und wie immer im Leben sind die Nuancen mindestens so vielfältig wie die Menschen selbst. Genauer
unter die Lupe genommen werden vier Gattungen: der aristokratische Typ, der Patriarch, der Macher und der Macho.

Der aristokratische Typ

Er ist gepflegt, charmant, kultiviert, eloquent; ein Vertreter
der alten Schule, der die Damen mit Handkuss begrüßt, sich
traditionell kleidet, über ein hohes Bildungsniveau verfügt
und sich in unterschiedlichen gesellschaftlichen Kreisen par-
kettsicher zu bewegen weiß. Seinen Status kommuniziert er
scheinbar zurückhaltend, was damit zu erklären ist, dass viele
seiner Signale nur für den Kenner entschlüsselbar sind. Wer
weiß schon auf einen Blick zu erkennen, in welchem Traditi-
onshaus in London die rahmengenähten Schuhe gefertigt und
die auf den Leib geschneiderten Hemden genäht wurden?
Und was bedeuten die Monogramme auf den Manschetten
dieser Hemden? Bezeichnen sie den Hersteller, oder sind sie
Familienemblem des Trägers? Die Welt des Aristokraten ist
voll solcher Details, die seinen Status, sein Vermögen, seine
Herkunft, seine Stellung dokumentieren – allerdings nur für
den Eingeweihten. Der Rest der Menschheit ist aus diesem
Kommunikationssystem ausgeschlossen. Das garantiert Ex-
klusivität und ist damit per se Hochstatus. Selbstverständlich

gibt es auch Signale an die Normalsterblichen, denn auch die sollen wissen, mit wem sie es zu tun haben. Auf Spaziergängen durch den Wald begleiten den Aristokraten zwei Jagdhunde. Dass es sein Wald ist, durch den er sich hier bewegt, müssen wir nicht wissen. Es reicht zu sehen, dass er die Hunde nicht an der Leine führt und dass sie hervorragend gehorchen. Sie sind perfekt abgerichtet.

Einer geregelten Tätigkeit scheint der Aristokrat nicht nachzugehen; jedenfalls hat er immer Zeit und Muße. Sollte er einmal keine Zeit haben, liegt es daran, dass er zur Jagd verabredet ist oder einer Feier beiwohnt, auf der er eine Rede hält und jemanden ehrt oder selbst geehrt wird.

In der Garage stehen ein paar Oldtimer, alle perfekt gepflegt und jederzeit abfahrbereit, für den Fall, dass das Wetter schön und eine Ausfahrt angezeigt ist.

Hinreißend ist der aristokratische Typ in der Konversation. Er weiß mit jedem zu plaudern oder zu fachsimpeln, stets überzeugend und charmant. Diplomatie scheint für ihn selbstverständlich zu sein und ihm keinerlei Mühe zu bereiten. Vor allem hier zeigt sich sein innerer Hochstatus. Er kann mit jedem auf Augenhöhe reden. Männer wie er leben in einer Art natürlichem Hochstatus. Er ist für sie ganz und gar selbstverständlich. Sie kämpfen nicht darum, weil es gar nichts zu kämpfen gibt. Sie sind einfach da oben; waren sie immer schon und werden sie immer sein.

Szene:

Ein Einkaufszentrum. Ein gutgekleideter Herr betrachtet Bücher in einem Schaufenster. Dabei zündet er sich eine Zigarette an. Ein Wachmann taucht auf.

Wachmann: »Rauchen verboten. Können Sie nicht lesen?«

Der gutgekleidete Herr sieht ihn erstaunt an.

Wachmann: »Zigarette aus, habe ich gesagt.«

Der gutgekleidete Herr zieht die Augenbrauen hoch und blickt den Wachmann mit einem Anflug von Erstaunen, doch gleichzeitig gelassen an. Der Wachmann wird unsicher.

Wachmann: »Darf ich Sie bitten, die Zigarette auszumachen?«

Der gutgekleidete Herr sieht den Wachmann mit kaum merklichem Lächeln an.

Mann: »Mich?«
Wachmann: »Sie, mein Herr. Hier ist rauchen nicht gestattet.«
Mann: »Ich freue mich für Sie, dass Sie zu Ihrer natürlichen Freundlichkeit zurückgefunden haben. Ich war in Gedanken. Ich werde die Zigarette selbstverständlich löschen.«
Wachmann: »Vielen Dank.«

Der gutgekleidete Herr wendet sich wieder der Auslage im Schaufenster zu.

Der Patriarch
Ein Mann, der selbstbewusst in sich ruht, die Geschicke seiner Familie, seines Unternehmens, seines Umfeldes lenkt. Er ist der starke Arm für alle, die mit ihm verbunden sind. In der Tradition verwurzelt, Ruhe und Sicherheit ausstrahlend, scheint er stets zu wissen, was zu tun ist, auch in schwierigen Situationen und Krisen. Er führt die Seinen konservativ und mit einer gewissen Güte und Nachsicht. Falls es sein muss, ist er jedoch streng und unnachgiebig und hält so die Welt im Gleichgewicht, dafür sorgend, dass sich nichts ändert, dass die Tage, Monate und Jahre vergehen wie gewohnt. Der Patriarch liebt die Gleichförmigkeit und lässt in seinem Leben folglich

nicht sonderlich viel Raum für Abenteuer. Sein Hund ist ein Wachhund, sein Auto ein Oldtimer – aber nur für die Sonntage. Unter der Woche fährt eine komfortable Limousine.

Dieser Mann neigt dazu, alles unter Kontrolle zu halten. Das birgt das Risiko, dass er nicht delegieren kann, weil er nicht in der Lage ist, Vertrauen aufzubauen. Wenn etwas getan werden muss, muss er es selbst tun.

Szene:
Frau und Mann steigen ins Auto. Bevor der Mann den Wagen startet, ein letzter Check-up:

Er: »Hast du nochmal einen Blick in die Küche geworfen?«
Sie: »Hab ich.«
Er: »Herd aus?«
Sie: »Herd ist aus.«
Er: »Stecker der Kaffeemaschine herausgezogen?«
Sie: »Wie immer.«
Er: »Kühlschranktür richtig zu?«
Sie: »Ja.«
Er: »Sicher?«
Sie: »Denke doch.«
Er: »Was heißt denke doch? Ja oder nein. Bist du sicher, dass sie richtig zu ist?«
Sie: »Glaube schon.«
Er: »Ich sehe nach.«

Er steigt aus und geht nochmal ins Haus, denn niemand ist so gewissenhaft und zuverlässig wie er. Wie aber fühlt sich der andere in solchen Situationen? Und wie geht man damit um?

Sie: »Geht das wieder los. Hast du kein Vertrauen zu mir? Kannst du dir nicht vorstellen, dass ich weiß, was zu tun ist, und das dann auch hinbekomme?«

Oder:

Sie: »Schatz, ich habe den Kühlschrank aufgemacht, die Herdplatten auf zehn gestellt, das Wasser für die Badewanne aufgedreht und die Festplatte deines Computers gelöscht. Wir können also los.«

Oder:

Sie: »Kennst du die Geschichte von dem Mann, dem das nachher alles sehr leid getan hat?«

Oder:

Sie: »Was würde ich nur ohne dich machen, Schatz? Du bist so klug und gewissenhaft. Ich habe schon völlig verlernt, auf mich selbst aufzupassen.«

Der Macher

Der Mann, der die Herausforderungen annimmt. Nicht jede, sondern nur solche, die ihn weiterbringen. Der Macher ist ein social climber, jemand, der nach oben will, der seine Chancen sucht und sie nutzt, beruflich, gesellschaftlich, erotisch. Er ist ein Unternehmer-Typ mit Hang zum Abenteuer, das jedoch stets wohlkalkuliert ist. Er verfügt immer über eine Strategie und reagiert schnell auf veränderte Gegebenheiten. Das macht ihn zum Überlebenskünstler und Erfolgsmenschen. Alle seine Fähigkeiten und Talente ordnet er dem großen Ziel unter: nach oben. Auf diesem Weg lässt er sich nicht kleinkriegen, nicht entmutigen. Er weiß seine Stärken und Schwächen realistisch einzuschätzen und navigiert klug um die Klippen in Alltag, Beruf und Beziehung herum. Er hat keinen Hund – zu viel Aufwand für zu wenig Ertrag –, liebt schnelle Autos, nutzt Status-Symbole und ist sogar in der Liebe vernünftig. Er heiratet nicht unbedingt die Frau, die er am meisten liebt, sondern die, die am besten zu ihm passt.

Szene:

Ein Mann hat sich verliebt. Er wird ihr bei einem Abendessen im Kreis von Freunden begegnen. Dort weiß niemand über seine Gefühle Bescheid. Die Tischordnung ist so festgelegt, dass er leider nicht neben ihr sitzen wird. Er nimmt dennoch neben ihr Platz und begrüßt sie – nur kurz, weil er sie etwas fragen will. Über eine gemeinsame Bekannte, von der er angenommen hat, dass sie heute auch kommen wird, doch er scheint sich geirrt zu haben. Vielleicht weiß sie etwas. Weiß sie natürlich nicht. Macht nichts. Er hat das Gespräch eröffnet und hält es lebendig, indem er weitere Fragen stellt. Sie wird antworten, eine angeregte Unterhaltung ist schnell in Gang. Dann weist er kurz darauf hin, dass er die Konversation leider nicht vertiefen kann, weil er auf einen anderen Platz gesetzt ist, und fragt dann, ob sie sich vorstellen kann, die Tischordnung einfach über den Haufen zu werfen? Bevor sie etwas erwidert, antwortet er selbst auf diese Frage mit: »Ich riskier's. Wenn es nicht funktioniert, müssen Sie mich retten.«

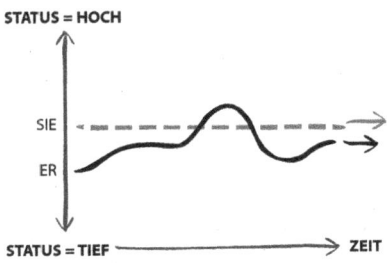

Eine bewährte Technik des Hochstatus-Verhaltens ist das Fragenstellen. Man signalisiert damit Interesse am anderen und hält gleichzeitig das Heft in der Hand, bestimmt den Gesprächsverlauf und kann einiges über sein Gegenüber in Erfahrung bringen. Der Auftritt wirkt souverän, und man fühlt sich sicher; eine gute Ausgangsposition für den weiteren Verlauf des Abends. Anschließend geht er in den tiefen Status, indem er sich in ihre Obhut begibt – es ist ein Scherz, der seine Wirkung nicht verfehlt. Er wirkt souverän und sympathisch. Der Mann flirtet geschickt.

An dieser Stelle wird auf sehr anschauliche Weise deutlich, dass gekonnte Status-Spiele nichts damit zu haben, sich zu verstellen oder eine Rolle zu spielen, die der eigenen Persönlichkeit nicht entspricht. Erfolgreiche Status-Spiele basieren vor allem darauf, die eigenen Möglichkeiten zu nutzen, das eigene Potenzial auszuschöpfen, denn wir alle sind vor allem in der Liebe wie bereits am Anfang dieses Kapitels festgestellt wurde – Status-Artisten.

Mann-Mann – Macho 1

Unser Held aus Hollywood. Der Draufgänger und Tausendsassa, der immer der Beste sein muss und dafür auch unsinnige Risiken eingeht. Die Robert Redfords, Richard Geres und James Bonds dieser Welt, die im ständigen Beweis ihrer Männlichkeit nackt schlafen und Berge versetzen wollen, was ihnen mitunter sogar gelingt. Sie überzeugen nicht zuletzt durch das kraftvolle Zusammenspiel ihrer Willens- und Tatkraft. Mit dieser energiegeladenen Kombination wirken sie motivierend auf Unentschlossene und Zauderer. Frauen verfallen ihrer Ausstrahlung gerne: »Ein Mann, der weiß, was er will, und der weiß, wie es geht.«

Dem Mann-Mann ist wichtig, seine Männlichkeit zu dokumentieren. Gerne trägt er das Hemd offen, ist darunter braungebrannt, hat vielleicht ein Haus auf Ibiza, eine teure Armbanduhr, einen Porsche und zusätzlich einen englischen Sportwagen. Seine Frau ist schön, jung, elegant, begehrenswert – ein Schmuckstück – für ihn.

Szene:

Ein Paar plant den Sommerurlaub. Er will segeln, ihr steht der Sinn danach, mit der ganzen Familie – inklusive ihrer beiden Töchter – ins Ferienhaus auf Ibiza zu fahren.

Er: »Ibiza ist um diese Jahreszeit zu heiß. Lass uns rauf nach Schweden segeln.«

Sie: »Wie soll das gehen?«

Er: »Wir segeln mit der ganzen Familie.«

Sie: »Und mindestens vier weiteren Leuten.«

Er: »Das Schiff ist groß, und du und die Mädchen, ihr seid an Bord nicht wirklich zu gebrauchen.«

Sie: »Ich weiß genau, wie das ablaufen wird. Die Kinder langweilen sich an Bord und gehen dir ziemlich schnell auf die Nerven. Dann fällt dir ein, dass du mit deiner Mannschaft unbedingt eine Regatta segeln musst und lässt die Kinder und mich in irgendeinem Hafen in irgendeinem Hotel zurück. Ich will nach Ibiza. Da habe ich es gemütlich, bin zu Hause, kann mich mit Leuten treffen, zum Strand gehen, Ausflüge machen oder einfach im Liegestuhl lesen.«

Er: »Ibiza ist um diese Jahreszeit zu heiß. Außerdem habe ich da kein eigenes Boot und müsste bei den XYlons anheuern. Das sind reine Sonntagssegler. Wenn wirklich guter Wind ist, fahren die nicht mehr raus. Ich will nicht nach Ibiza.«

Sie: »Dann fahre ich mit den Kindern allein.«

Er: »Auch gut.«

Sie: »Hältst du es für möglich, dass wir als Familie einmal gemeinsam Ferien machen? Die Mädchen sehen ihren Vater kaum und sie fragen oft, wieso du nicht da bist. Was soll ich dann sagen? Papa muss segeln?«

Er: »Wieso nicht?«

Sie: »Hast du eine Vorstellung davon, was das für ein Realitätsbild erzeugt? Sie denken, ihr Vater ist ein Seefahrer.«

Er: »Du übertreibst.«

Sie: »Was du nicht sagst. Ich warte noch auf eine Antwort. Werden wir gemeinsame Ferien haben? Wenigstens eine Woche?«

Der Mann-Mann kann sich nicht so recht vorstellen, wie er diese Woche mit der Familie gestalten soll. Dass seine Frau die Woche gestalten könnte, kommt ihm gar nicht in den Sinn, denn es ist immer er selbst und ganz allein er, der über seinen Tagesablauf und seine Unternehmungen bestimmt. Daher ist ihm viel lieber, einen ausgedehnten Segeltörn bei Wind und Wetter zu unternehmen. Wie seine Frau und seine Kinder sich dabei fühlen, zieht er nicht in Erwägung. Segeln ist doch toll. Sie werden es schon noch begreifen ...

Macho 2

Er meint, dass er außen hoch spielen muss, um als ganzer Mann zu gelten – innerlich wird er diesem Anspruch aber nicht gerecht. Wir sprechen nicht über Zuhälter, Bosse, Gangster usw., sondern über Männer, die den ganzen lieben langen Tag hoch spielen müssen, obwohl sie das eigentlich überfordert, aus welchen Gründen auch immer. Wir sprechen über Männer, die gerne das große Wort führen, in Gesellschaft coole Sprüche und zotige Witze machen, um attraktiv zu wirken, die andere häufig abwerten oder sich auf deren Kosten profilieren. Man nennt sie seit den 70er Jahren auch Chauvinisten, kurz Chauvies.

Männer dieser Kategorie fahren große Autos, meist gebraucht gekauft, oder sie motzen kleine zu großen Autos auf. Sie kleiden sich übertrieben männlich und bedienen die klassische Rollenerwartung starker Mann bzw. das, was sie dafür halten, nicht selten bis zur Karikatur. Sie spielen den Macher, Beschützer, Ernährer, Bestimmer. Sie *spielen* ihn. Wenn es tatsächlich darauf ankommt, kann es schnell eng werden. Bevor dieser Typ tatsächlich ein Risiko eingeht, ergeht er sich lieber in Schuldzuweisungen und Bestrafungsaktionen. Eigenes Versagen zu erkennen ist ihm unmöglich, denn eigenes Versagen kann es nicht geben, sonst wäre er ja kein Macho. Aus diesem Grund verbringt er viel Zeit damit, Schuldige zu finden, zu bedrohen, zu bestrafen. Das unbewusste Motiv für dieses Verhalten ist in großer Furcht vor Distanz begründet. Bei Versagen droht Ächtung, und die Wahrscheinlichkeit eines Versagens ist groß, weil ja häufig große Taten vollmundig angekündigt werden, die jedoch kaum bzw. überhaupt nicht zu schaffen sind.

 Das sagt der Status-Experte:
Wenn der Mann sich zum permanenten Abwerter entwickelt, ist es Zeit zu gehen, denn ihm ist nicht zu helfen. Er muss da alleine herausfinden. Hilfe – die ja ungebeten ist – würde seine Hilflosigkeit nur weiter zementieren.

In der Liebe ist dieser Macho anstrengend, weil sein Leben zum größten Teil aus einer mehr oder weniger zum Scheitern verurteilten Beweisführung seiner Kraft, Stärke, Unwiderstehlichkeit, Großartigkeit, Unbesiegbarkeit, Unerschrockenheit, Männlichkeit besteht. Er braucht eine Partnerin, die ihn bewundert. Er macht ihr große Versprechungen, die er nicht halten kann. Er wird sie enttäuschen. Er wird sie aber nicht gehen lassen. Er klammert sich an sie. Will sie sich im Verlauf der Beziehung immer weniger von seiner Großartigkeit überzeugen lassen, wird er zusehends hilfloser und wütender. Das nimmt oft kein gutes Ende.

Szene:
Sie: »Der Zahnarzt hat angerufen und gefragt, was passiert ist. Du hattest einen Termin, warst aber nicht dort und hattest auch nicht abgesagt.«

Er: »Ich hatte keinen Termin.«

Sie: »Er meinte, du warst für zehn Uhr bestellt.«

Er: »Bestellt? Seit wann bestellt man mich irgendwohin? Wenn überhaupt, dann hatte ich dort einen Termin. Hatte ich aber nicht.«

Sie: »Er hat gefragt, ob du einen neuen Termin vereinbaren möchtest. Ich habe für morgen um zehn Uhr reserviert.«

Er: »Da kann ich nicht. Was soll das überhaupt heißen, einen Termin für mich zu machen, ohne mich vorher zu fragen?«

Sie: »Ist ja noch nicht fest – nur provisorisch. Wenn du nicht kannst, wird er einfach verschoben.«

Er: »Was ist hier eigentlich los? Erst heißt es Zahnarzttermin, den es überhaupt nicht gab, dann wird über meinen Kopf hinweg ein neuer gemacht, und niemand kommt auf die Idee, mich zu fragen.«

Sie: »Ist doch nicht so schlimm. Ich habe auch schon mal einen Arzttermin vergessen.«

Er: »Ich habe den Termin nicht vergessen. Ich hatte überhaupt keinen Termin.«

Sie: »Doch, hattest du. Ich habe in deinem Kalender nachgesehen.«

Er: »Du hast was? Das ist mein Kalender. Niemand sieht in meinen Kalender, wenn ich das nicht erlaube!«

Sie: »Ich habe nur nachgesehen, ob du morgen um zehn Uhr schon einen Termin hast. War aber nichts eingetragen. Deshalb habe ich das mit dem Zahnarzt vereinbart.«

Er: »Hervorragend. Ganz toll. Ich verbiete dir, in meinen Kalender zu sehen und Termine für mich zu machen und mich zu bevormunden und mir hinterherzuspionieren. Ist das klar?«

Die Geduld der Frau ist bemerkenswert. Sie wird ihr aber vermutlich nicht helfen. Wenn sie weiter gelassen und souverän bleibt, bringt ihn das nur noch mehr in Rage. Er scheint kein anderes Konzept für den Umgang mit eigenen Fehlern zu kennen, als sie von sich zu weisen und die Schuld jemand anderem in die Schuhe zu schieben. Da die meisten Menschen weniger geduldig und ausgeglichen reagieren als die Frau, ist leicht vorstellbar, wie schnell und heftig solche Szenen eskalieren können.

Wenn die Gefahr des Verlassenwerdens droht, geht ein Macho dieses Typs häufig noch einen Schritt weiter. Er wertet die Partnerin in ihren sensiblen Gefühlswelten ab: Sie macht alles falsch, sieht nicht gut aus, bewegt sich ohne Eleganz, ist auch nicht mehr die Jüngste, bekommt Orangenhaut usw.

Eine subtilere Version solcher Hinterhältigkeiten äußert sich in scheinbarem Interesse an weiblichen Themen:

> »Hast du gesehen, was für eine tolle Figur die da hat. Ich glaube, sie ist schon 45 und hat noch immer keine Orangenhaut. Und tolle Brüste …«

Solche Abwertungen haben ihren Grund in der Tatsache, dass er selbst im Status nicht nach oben kann, da er längst unglaubwürdig geworden ist und das irgendwie auch weiß. So bleibt ihm nur, seine Partnerin herunterzudrücken, damit jemand unter ihm ist. Da Frauen oft sehr leidensfähig sind, machen sie dieses Spiel mitunter lange mit und geben die Hoffnung auf eine positive Veränderung nicht auf. Doch Hilfsangebote und geduldiges Verständnis verschlimmern die Sache nur.

Fazit

Ein gemeinsamer Nenner aller Hochstatusmänner ist: sie versprechen viel, und sie halten viel – bis auf den Macho 2, denn der ist im Status nur außen hoch, innen aber tief.

Damit sind diese Männer hervorragend für die Rolle des Versorgers geeignet. In der Rolle des Traumprinzen jedoch enttäuschen sie letztendlich, weil sie sich in persönlichen Angelegenheiten oberflächlich und nicht wirklich anwesend zeigen. Ihrem Status entsprechend sind sie gezwungen, weiter zu erobern: Geschäftsfelder, Märkte, Vermögen, Sammlerstücke, Frauen. Ihr Leben ist ständig auf Expansionskurs, ihr Alltag ausgefüllt mit jagen, bestimmen, weitermachen. Für eine Frau ist ein Mann im doppelten Hochstatus nur dann auf Dauer interessant, wenn sie bereit ist, mit ihm weiter zu erobern. Sobald sie beginnt, Kinder zu wollen, ein Nest zu bauen, häuslich zu werden, wird sie enttäuscht werden, denn emotional lassen Hochstatus-Männer ihre Vertrauten – Familie, Frau, Freunde – allein.

Wenn's knistert und bitzelt – Beziehungen im doppelten Hochstatus

Bilden Hochstatus-Frau und Hochstatus-Mann ein Paar, gibt es zwei Bestimmer und niemanden, der sich bestimmen lässt. Wenn sie beide auf ihrem Status beharren, besteht der Alltag fast ausschließlich aus Kämpfen um die höhere Position. Inhalte kommen da schnell zu kurz, und man streitet viel um Formalitäten, ein auf die Dauer ödes Hin und Her, bei dem man leicht aus den Augen verlieren kann, was interessant und spannend am anderen war. Oft geht die gegenseitige Wertschätzung in solch täglichem Kleinkrieg grundsätzlich verloren und lässt sich, wenn überhaupt, nur schwer wiederherstellen.

Sind die Partner hingegen bereit, in ihrem Status auch mal nach unten zu gehen, wird die Sache interessant. Dann fliegen zwar regelmäßig die Fetzen, und Trennungen sind nicht auszuschließen, doch man wird sich wieder versöhnen. Hollywood kennt mit Liz Taylor und Richard Burton einen lupenreinen Prototyp dieser Konstellation: Sie heirateten zweimal. Richard Burton war Liz Taylors Ehemann Nummer fünf und sechs, sie seine Ehefrau Nummer zwei und drei. Ihre Auseinandersetzungen sind legendär und wurden weit über die

Grenzen des Gesellschaftslebens von Hollywood hinaus bekannt.

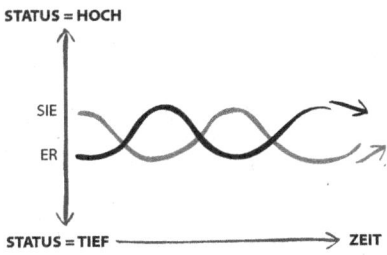

Noch bekannter sind die Status-Spiele eines Paares, das sich weniger flexibel zeigte: In starren Status-Positionen verharrend, demontierten und demolierten Lady Diana und Prinz Charles ihre Beziehung über viele Jahre. Keiner von beiden war bereit, die ihm vom anderen zugedachte tiefe Position zu akzeptieren. Es kam zur Trennung; in königlich britischen Kreisen ein rechter Eklat. Doch selbst der immens starke Druck der Etikette und der Öffentlichkeit vermochte nicht, den noblen Königskindern den einen oder anderen beziehungsrettenden Status-Verzicht abzuringen.

Hochstatus-Paare, bei denen das Spiel besser zu gelingen scheint, sind z. B. Brad Pitt und Angelina Jolie oder Andre Agassi und Steffi Graf. Dort hat es den Anschein, dass beide beides spielen können – hoch und tief. Auch Bill und Hillary Clinton vermitteln in den Medien den Eindruck von Partnern, die sich auf diese Kunst verstehen. Sie hat ihm seine sexuellen Eskapaden während der Präsidentschaft verziehen, und er akzeptierte, ja unterstützte ihre Bestrebungen, selbst Präsidentin der USA zu werden.

Der Reiz in solchen Partnerschaften liegt nicht zuletzt darin, dass die Partner morgens nebeneinander aufwachen und nicht wissen, jedenfalls nicht zuverlässig, was der andere tun wird.

Sie überraschen einander und stellen sich gegenseitig immer wieder vor die Entscheidung, tief oder hoch, gegen oder mit dem anderen zu spielen. Das Wechselspiel mehrfacher Trennung und Versöhnung hat hier seinen Ursprung, denn jeder neue Partner ist in diesem Spiel ungeübter. Man spielt mit dem oder der Neuen zwangsläufig eine oder gleich mehrere Ligen tiefer. Da war es beim Ex wesentlich spannender und aufregender. Also sollte man dorthin zurückkehren …

Jemanden im Status mit nach oben ziehen
Existiert zwischen Liebenden ein starker Statusunterschied, besteht eine wunderbare Möglichkeit für die Pflege ihrer Beziehung darin, dass der Status-Höhere zunächst nach unten geht und – dort angekommen – den Status-Tieferen mit nach oben zieht. Beide lernen voneinander; der Hochstatus Empathie, der Tiefstatus innere Stärke.

Szene:
Die berühmte Modeschöpferin Coco Chanel wuchs in einem Waisenhaus auf, erlernte dort den Beruf der Schneiderin und erregte, nachdem sie volljährig war, mit ihrer Schönheit und mit den selbst entworfenen Kleidern, die sie trug, bald Aufsehen in der Männerwelt. Mit 21 wurde sie die Geliebte eines Offiziers, der seinerseits die Rolle ihres Beraters für die Etikette der feinen Gesellschaft übernahm. Schon nach kurzer Lehrzeit bewegte sie sich in den Kreisen des französischen Landadels so souverän, dass sie keine Mühe hatte, unter all den vornehmen Herrschaften um sie herum zu bestehen. Sie war gewiss eine gelehrige Schülerin, doch das allein hätte nicht gereicht. Sie brauchte jemanden, der sie an die Hand nahm und ihr die Regeln dieser noch fremden, komplizierten Welt nahebrachte.

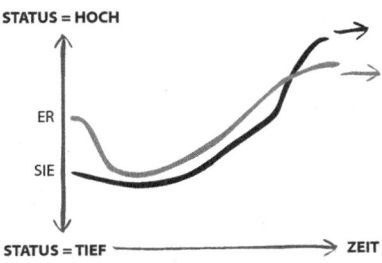

Beziehungen pflegen

Solche Kunststücke gelingen, wenn man es schafft, das Auf und Ab, das Hoch und Tief der Status-Tänze beizubehalten, die man beim Flirten so hervorragend beherrscht. Selbstverständlich nicht ganz so entrückt und verspielt, sondern reifer, gekonnter, eleganter. Dann bleibt man in seiner Beziehung glücklich. Klingt einfach; zu einfach möglicherweise. Doch wenn wir betrachten, weshalb wir mit unserem Partner streiten, sind es fast immer Nebensächlichkeiten, aufgeblasen zu Bürden und Strapazen. Wir würden um das Gros dieser Dinge niemals mit jemandem streiten, mit dem wir flirten. Das sollte zu denken geben. Flirtende Menschen überraschen, erfüllen Wünsche, heben den anderen im Status, tragen den anderen auf Händen, sind neugierig.

Eine hilfreiche Methode besteht darin, sich immer mal wieder zu fragen: Was ist wichtiger? Dass ich recht habe oder dass der andere sich wohl fühlt? Was ist wichtiger? Grundsätzlich, nicht situativ. Und dann entsprechend handeln. Immer wieder. Höflich und gleichzeitig hartnäckig. Gegen und mit sich selbst.

Zusammenfassung

1. In der Liebe sind Status-Spiele das Salz in der Suppe.
2. Jeder hat einen bevorzugten Status, der seinen Gefühlen, Bedürfnissen und seinem Charakter entspricht. Das ist gut so.

3. Aus diesem Grund ist eine Wertung von hohem und tiefem Status in der Liebe – mehr noch als im Alltag und im Beruf – absurd.

4. Der bevorzugte Status beider Partner birgt Chancen und Risiken.

5. Es ist eine Frage der inneren Entschlossenheit, die Chancen zu nutzen und die Risiken zu minimieren.

6. In der Liebe enden Status-Spiele nie. Sie sind allgegenwärtig und können ein wirkungsvolles Mittel sein, die Beziehung zu pflegen und lebendig zu halten.

7. Die Risiken des tiefen und des hohen Status liegen in der Einseitigkeit von Verhaltensweisen. Wer zu hartherzig auf seinen Standpunkten und Sichtweisen besteht, macht es dem Partner mit der Zeit unmöglich, als Korrektiv zu wirken. Eine gemeinsame Entwicklung ist dann nahezu ausgeschlossen.

8. Die Verstrickung in die Risiken erfolgt durch eine zu große Ich-Bezogenheit. Das Wesen der Partnerschaft besteht jedoch in der Gemeinsamkeit – und damit auch darin, darauf zu achten, wie es dem anderen geht.

9. Status-Wechsel sollte regelmäßig geübt werden. Experimentierfreude schadet nicht.

Schlusswort

Nach dieser guten Portion Theorie kann nun der Schritt in die Praxis erfolgen. Der Weg zum alltäglichen, angewandten Status-Spiel führt über das Ausprobieren. Wenn es dabei anfangs mitunter ein wenig holpern sollte oder Sie sich mal wieder selbst ein Bein gestellt haben, ist das durchaus kein Grund zu verzagen. Ihr Vorteil besteht darin, dass Sie aufgebrochen sind und die Reise durch die vielfältige Welt der Status-Spiele angetreten haben. Das allein wird dafür sorgen, dass der Erfolg sich schon bald zeigt. Ein guter Begleiter auf Ihrer Reise mag der folgende Satz eines Mannes sein, der selbst viel herumgekommen ist:

> »Man muss wissen, wie weit man zu weit gehen kann,
> ohne dabei zu weit zu gehen.«
>
> Jean Cocteau

Weitere Informationen zu Seminaren und Workshops sowie zu speziellen Aspekten von Status-Spielen und Status-Wechsel finden Sie im Netz unter:

www.status-experte.de
www.committ-training.de

Dank

Dank gilt allen, die bei der Entstehung dieses Buches geholfen haben. Ganz besonderer Dank gilt:

Andrea Engen für ihre Ermutigungen und großartiges Sparring.

Agapi für ideelle Unterstützung und die Grafiken im Buch.

Karin Herber-Schlapp für ihr engagiertes Lektorat und ihre professionelle Unterstützung.

Professor Dr. Friedemann Schulz von Thun für seinen Satz: »Schreiben Sie ein Buch über dieses Thema.«

Professor Dr. Matthias Burisch für seine fachliche Beratung der psychologischen Aspekte, die das Thema aufgeworfen hat.

Dr. Carlheinrich Heiland für seine bereichernden Anregungen.

Friedemann Stracke für seine Expertisen zum Status-Modell.

Den Kollegen des Club 55 (Vereinigung europäischer Marketing- und Verkaufsexperten) – für gnadenloses Benchmarking.

Den vielen Seminar- und Workshop-Teilnehmern und Coaches für ihre Offenheit und ihr Vertrauen, tief in ihre Persönlichkeiten blicken zu dürfen.